Pendo

Dirk Getschmann
Heinz-Detlef Scheer

Altern für Anfänger

Babyboomers Reifeprüfung

Pendo München und Zürich

Man braucht sehr lange, um jung zu werden.

Pablo Picasso

Inhaltsverzeichnis

Vorwort

Die ersten Jahrgänge der Babyboomer-Generation stehen derzeit kurz vor ihrem größten persönlichen Abenteuer: Sie werden alt. Nach traditioneller Auffassung erreichen sie nämlich demnächst den dritten Lebensabschnitt: das Alter.

Die auf den ersten Blick banale Erkenntnis, die den Begriff »Abenteuer« in diesem Zusammenhang ein wenig unpassend erscheinen lässt, wird erst bei näherem Hinsehen spannend. Denn für die Babyboomer hat das Altern nicht viel mit dem Prozess zu tun, den die Generationen vor ihnen durchlebt haben. Zumindest wird beim direkten Vergleich deutlich, dass es wider Erwarten mehr Unterschiede als Gemeinsamkeiten gibt.

Mit Erreichen des Rentenalters werden die geburtenstarken Jahrgänge, die sich schon allein aufgrund ihrer großen Zahl von allen vorhergehenden und nachfolgenden Generationen abheben, nicht nur sich selbst, sondern ganz Deutschland nachhaltiger erschüttern und zu Veränderungen zwingen als die Einführung von Computer, Internet und E-Mail.

Eine gewagte These, nicht wahr?

Dennoch: Wir wollen sie mit diesem Buch gerne belegen. Das Heranbranden des demografischen Tsunamis hat man in Fachkreisen durchaus längst erkannt. Trotzdem werden immer wieder Stimmen laut, die behaupten, dass keine Suppe so heiß gegessen wie gekocht wird und dass sich die Angelegenheit mehr oder weniger von selbst regeln wird.

Wir dagegen sagen: Frank Schirrmacher hat mit seinem Buch *Das Methusalemkomplott* zwar schon die breite Öffentlichkeit mit dem Phänomen konfrontiert. Gemessen an der Schwere des Problems hat die Allgemeinheit bisher aber bestenfalls die Beinkleider hochgekrempelt und befindet sich noch lange nicht auf dem schnellsten Weg in die rettenden, höher liegenden Gestade.

Das beweisen unter anderem die aufklärenden Vorträge von Warnern in Sachen demografische Katastrophe, etwa Professor James W.

Vaupel vom Max-Planck-Institut für demografische Forschung in Rostock, ebenso wie zahlreiche Artikel und Berichte, die sich aus mathematischer, statistischer und volkswirtschaftlicher Sicht seit einigen Jahren mit diesem Thema befassen.

Die demografische Entwicklung hat sich seit den 60er Jahren, als die ersten Mahner ihre Stimme erhoben und auf die Gefährdung unseres Rentensystems hinwiesen, dramatisch verschlechtert. Selbst wenn ein ganzes Millionenheer immer älter werdender Menschen plötzlich von der Bildfläche verschwände, blieben immer noch genügend Senioren übrig, die immer älter werden und sich bester Gesundheit erfreuen. Nur leider stehen ihnen nicht ausreichend Arbeitnehmer gegenüber, die das Rentensystem finanziell stützen könnten.

Dass sich unsere Gesellschaft endlich auch öffentlich langsam mit ihrer drohenden Überalterung auseinanderzusetzen beginnt, werden nicht nur diejenigen honorieren, die bereits alt sind, sondern früher oder später auch diejenigen, die heute noch naiv darüber lachen. Noch hoffen sie – irrational, wie wir Menschen nun mal denken –, dass sie selbst nicht dazu gehören werden. Aber wie lange noch?

Wir möchten in diesem Buch diesen Prozess des »neuen Alterns« mit einigen seiner Begleiterscheinungen skizzieren. Dabei wollen wir nicht in erster Linie mit Ungehörtem oder frisch Entdecktem glänzen. Das Meiste von dem, was Sie hier lesen werden, ist allgemein bekannt. Leider jedoch nur im eher kleinen Kreis der Eingeweihten.

Die Politiker, die von Regierung zu Regierung die Beschäftigung mit dem demografischen Faktor wie eine zu heiße Kartoffel konsequent weiterreichen, tragen eine hohe Mitverantwortung für den erschreckend kleinen Echoraum, in dem das Thema bislang diskutiert wird.

Neben dem gesellschaftlichen Aspekt treibt uns als Autoren aber vor allem die Frage um, wie der Einzelne das Abenteuer des Alterns künftig am besten bestehen kann. Schließlich ist genau dieser Punkt auch unsere Passion und Mission im Berufsalltag: Wir verhelfen anderen Menschen dazu, ihr Leben nachhaltig angenehmer, reizvoller, ja lebenswerter zu gestalten. Und zwar in unserer täglichen Beratungsarbeit als Coaches, als Trainer und Seminarleiter – in den letzten Jahren auch verstärkt für so genannte »ältere Mitarbeiter«.

Zum Thema Altern haben viele schlaue und fleißige Forschergruppen in den vergangenen Jahren Erstaunliches herausgefunden, das sich bislang jedoch kaum im Bewusstsein der Allgemeinheit festgesetzt hat.

Mit Gewinn altern?

Ja, das geht. Sogar besser als vielleicht jemals zuvor in der Geschichte der Menschheit. Ein Gutteil dieser positiven Entwicklung ist den Umständen zu verdanken, in denen wir leben dürfen: seit 60 Jahren kein Krieg in Europa (vom Balkan einmal abgesehen), bemerkenswerte Fortschritte in der Medizintechnik, um ein Vielfaches bessere hygienische Verhältnisse als noch vor wenigen Jahrzehnten und gesündere Nahrungsmittel, die das ganze Jahr hindurch erhältlich sind.

Diese Entwicklung trotzt offenbar den Unkenrufen grüner Fundamentalisten. Seit nunmehr einigen Jahrzehnten verkünden sie, dass unsere industriell hergestellten Lebensmittel zunehmend vergiftet sind und wir selbst daher eines Tages auf einer Sondermülldeponie enden müssten. Das mag durchaus sein, auf die Lebenserwartung wirkt sich diese Tatsache allerdings nicht negativ aus.

Eine unserer besten Freundinnen, die mittlerweile 89 Jahre alt ist, sieht übrigens ganz und gar nicht aus wie eine umherwandelnde Sondermülldeponie. Abgesehen davon hat sie mit Sicherheit mehr Energie und Grips als so mancher 28-jährige High Potential.

Das soll nun nicht heißen, dass die Zukunft ausschließlich rosarot wäre, aber wir wollen den Tatsachen ins Auge sehen: Die Lebenserwartung eines im Jahr 2000 geborenen Mädchens übersteigt die einer im Jahre 1900 geborenen Frau statistisch gesehen um 25 Jahre. Für die Männer gelten ähnlich dramatische Zahlen.

Neben den lebensverlängernden Rahmenbedingungen ist vor allem die innere Einstellung des Einzelnen zum Leben entscheidend. Die persönliche Idee, die Vorstellung vom Altsein prägt das tatsächliche Befinden älterer Menschen maßgeblich.

Wir können »Gott oder Natur«, wie Goethe einst so schön offen formulierte, nicht ins Handwerk pfuschen, aber wir können mit unserem Verhalten durchaus dazu beitragen, dass wir nicht nur ein langes, sondern auch ein gewinnendes Leben führen. Ein Betriebswirtschaftler würde an dieser Stelle vielleicht von »einem Optimum in Quantität und Qualität« sprechen.

Wir werden also in diesem Büchlein in zahlreichen Forschungsergebnissen aus den verschiedensten Wissensbereichen wildern, außerdem werden wir kompilieren und verkürzen. Das Ergebnis ist kein klassischer Ratgeber, der den Einzelnen zum Laien im eigenen Leben abstempelt, sondern eher eine Kiste voller Vorschläge oder ein großer Blumenstrauß von fast fertigen Ideen.

Sie, liebe Leserinnen und Leser, können sich daran nach Herzenslust bedienen, um sich mehr und erfolgreicher mit dem Thema Altern auseinanderzusetzen. Betrachten Sie dieses Buch daher als Ihre ganz persönliche Rezeptsammlung mit Angabe der jeweiligen Kalorienzahl und der Kochzeit.

Ihrer Kreativität sind dabei keinerlei Grenzen gesetzt. Allerdings sollten Sie nicht voreilig zur Tat schreiten. Ein jeder koche sich sein eigenes Lebenssüppchen! Aber wenn die Entscheidung des Einzelnen – so subjektiv sie auch sein mag – auf Fakten und Erkenntnissen aufbaut, so freuen wir uns.

Viel Spaß beim Lesen! Und werden Sie schön alt!

Dirk Getschmann und Detlef Scheer

And if you want to sing high, sing high,
and if you want to sing low, sing low,
'cause there's a million ways to go,
I know that there are …

Cat Stevens, *Titelsong aus* Harold and Maude

1.
Einleitung

Etwas ändert sich

Seit ein paar Jahren taucht sie Mitte November in den Medien auf und schickt sich an, Nessie, der schottischen Sommerlochschlange, Konkurrenz zu machen: Harriett. Sie feiert am 13. November Geburtstag. Immer wieder. Im Jahr 2005 ist die gute Harriett 175 Jahre alt geworden.

Die betagte Riesenschildkrötendame lebt in einem australischen Zoo und wurde bereits von Charles Darwin erwähnt. Demnach bildet sie eine Art Brücke zu einem der großen biologischen Aufklärer des vorletzten Jahrhunderts. Aber das Magische an Harriett, das die Medien Jahr für Jahr für die Schildkröte einnimmt, ist eher ihre ... nennen wir es einmal Leuchtturmfunktion.

Wenn Harriet 175 Jahre alt wird, können wir das dann nicht auch werden? So fragte die Zeitschrift *GEO* in ihrer Ausgabe vom Februar 2006: »Wie alt können wir werden?« und unterstellt im Haupttitel »Demnächst 100, 120, 150 Jahre«, es sei durchaus kein Versehen der Natur, dass in letzter Zeit die Zahl der über 100-Jährigen stetig steigt.

Das Alter, das früher hauptsächlich für Abdanken und Abschiednehmen stand, scheint sich zu einem neuen El Dorado zu entwickeln. Zwar steht nicht gleich Nietzsches »Umwertung aller Werte« vor der Haustür, aber die Rasanz, mit der sich das noch jüngst bedauerte und belächelte Alter mittlerweile zum Interessenfeld zahlreicher Wissenschaftler, Marketingexperten und Lifestylegurus entwickelt hat, ist zumindest bemerkenswert.

Die Erklärung dafür ist relativ einfach: Früher waren die Alten immer in der Minderheit, die Jüngeren dagegen in der Mehrheit. Dies wandelt sich gerade mit zunehmender Geschwindigkeit. Immer mehr »Alterskohorten« – wie die Soziologen so schön sagen – betreten das Land jenseits der Verrentungsgrenze und immer weniger Früh- oder Spätjugendliche treten ins Berufsleben ein. Die Wahrheit ist da, wo die Mehrheit ist – zumindest wenn es um die Medienaufmerksamkeit geht. Und die meisten werden nun mal immer älter und älter.

Ein genaues Bild über das Altern in unserem Lande zu entwerfen ist niemand im Stande. Schließlich ist der Prozess offen und ändert sich laufend. Daher versuchen wir in diesem Buch auch nur, eine Skizze zu zeichnen, sozusagen ein Mosaik zusammenzustellen. Es geht uns dabei nicht um ein möglichst geschlossenes Bild, sondern vielmehr darum, Tendenzen sichtbar zu machen.

Das Faktengebirge »Altern« setzt sich aus verschiedenen tektonischen Formationen zusammen: solche, die durch erhöhte Dynamik auffallen und die Richterskalen der öffentlichen Wahrnehmung bereits in Alarm versetzt haben (»Die Renten sind sicher!«), und andere, die scheinbar seit langem unverändert geblieben sind.

So führt auch heute die Suche nach einer »alten Heldin« meist genauso ins Leere wie noch vor ein oder zwei Generationen.

Begrifflichkeiten

Dass das Altern noch zu den weitgehend tabuisierten Bereichen unseres Lebens gehört, erkennt man ganz einfach an den beschönigenden Begriffen, die von den meisten Medien verwendet werden, um das Wesentliche möglichst nicht beim Namen nennen zu müssen.

So, wie aus der »Klofrau« die »Servicefachkraft im Nassbereich« wurde und Amerika seinen politisch korrekten New-Speak so weit trieb, dass aus einem Behinderten ein »andersartig Begabter« (*differently enabled*) wurde, so bringt die Schönrednerei auch rund ums Alter erstaunliche Sprechblasen hervor.

Zuerst einmal sind die Alten nicht einfach »die Alten«, so wie die Jungen nun mal »die Jungen« sind. Etwas Peinliches, Unangenehmes hat sich offensichtlich seit vielen Jahren am Alter festgesetzt. Je unangenehmer die ehrliche Assoziation, desto größer offenbar die Verpflichtung zur sprachlichen Beschönigung.

Diese Tatsache verschafft uns seit Jahren Nebelbegriffe und Redewendungen wie »Goldener Oktober«, »Seniorenteller«, »Oldie but Goldie«, »dritter Lebensabschnitt«, »Generation plus«, »Seniorenkarte«, »Silver Surfer«, »50 plus« und dergleichen mehr. Selbst im Leitmedium unserer Tage, dem Internet, sieht es eher bieder als modern oder altersweise aus, wenn man einmal betrachtet, was einem so an Namen und Bezeichnungen für so genannte »Seniorenportale« zugemutet wird:

www.feierabend.de
www.gebraucht-werden.de
www.seniorweb.ch
www.senioren-online.net
www.seniorenportal.de
www.oldiezuhause.de
www.50plus-ans-netz.de
www.deinherbst.de

Als es vor einigen Jahren das erste Magazin am Kiosk zu kaufen gab, das tatsächlich auf eine Zielgruppe jenseits der 50 zugeschnitten war, wurde auch hier mit dem Titel Schindluder getrieben. Der Lenz hat nun wahrlich nichts mit dem Alter zu tun.

Dennoch – oder vielleicht gerade deswegen: *Lenz* wurde aus dem Stand heraus zum Nischenmarktführer und konnte diese Position gegen eine ganze Reihe von nachziehenden Konkurrenzblättern behaupten.

Dabei bringen gerade die Alten Aspekte wie Vergesslichkeit, körperliche Defizite, Schönheitsverlust, Nutzlosigkeit oder Hinfälligkeit mit dem Altern in Verbindung.

Alt – das sind die Anderen. Ein Satz, den – und das ist wissenschaftlich belegt – heutzutage die 60-Jährigen auf die 70-Jährigen und diese wiederum auf die 80-Jährigen anwenden. Keiner will sich demnach als alt bezeichnen lassen oder sich gar selbst als alt begreifen.

Im Kern haben die Verweigerer sogar Recht, denn das negative Assoziationsfeld, für welches das Alter nach wie vor steht und das oft wie der Teufel gemieden wird, begleitet statistisch gesehen viele von uns Babyboomern in den letzten Lebensjahren – allerdings erst weit jenseits der 80.

Aber was ist mit den Menschen von 50 bis 55 und 80 bis 85? »Jung« passt hier nicht mehr, wenn wir die erste von der zweiten Lebenshälfte unterscheidbar machen wollen, »alt« wäre da schon eher zutreffend. Nur müssten wir den Mut haben und anerkennen, was mehrheitlich der Fall ist: Das Alter zwischen 55 und 80 ist in der Regel frei von all den kontaminierten Vorstellungen, welche die Verwendung des Begriffes in früheren Jahren politisch unkorrekt werden ließen. Vielmehr sind diese 25 Jahre geprägt von gesundheitlicher Zufriedenheit, beruflicher und lebensweltlicher Souveränität und bei weitem größerer finanzieller Beweglichkeit, als sie je einer früheren Generation zuteil wurde. Alles in allem überwiegen gerade in jenen Jahren – die Tendenz verschiebt das Ende übrigens beständig nach oben – die positiven Vorstellungen und Inhalte.

Vor diesem Hintergrund sollten sich vor allem auch die heutigen Alten leichter tun, das Alter wieder als Titel zu tragen und sich nicht mit vernebelnden Beschönigungen abspeisen zu lassen, deren Existenz sich auf einer heute weitgehend nicht mehr zutreffenden Altersrealität gründet.

Bevölkerungsstatistik

Eine gewisse Skepsis gegenüber statistischen Daten ist Zeitgenossen mit gesundem Menschenverstand wohl auch im heutigen Informationszeitalter nicht ganz auszureden. Schließlich haben manche Informationen, die auf Zahlen basieren, durchaus den Erkenntnischarme von Anekdoten. Das nur scheinbar Bekannte wird einem erst in verwandelter Form nachhaltig bewusst.

Dazu ein Beleg aus dem Bundespräsidialamt: »Bis 1994 erhielten alle Personen, die das 100. Lebensjahr erreichten, einen Gratulationsbrief auch für alle weiteren Geburtstage. Da die Anzahl der 100-Jährigen in Deutschland so stark gestiegen ist, wurde 1995 das Vorgehen geändert: Gratulationsschreiben werden nur zum 100. Geburtstag und vom 105. an zu jedem weiteren Geburtstag verschickt.«

Wenn also die hier geschilderte Bürokratie des Bundespräsidialamtes bereits ihre Verwaltungsabläufe geändert hat, dann muss an dem Phänomen des anderen Alterns wirklich etwas dran sein.

Auch wer mit Bevölkerungsentwicklung nicht das Geringste am Hut hat, wird sich erinnern, in trüben Schulzeiten schon mal von der so genannten »Zwiebelform des Bevölkerungsaufbaus« gehört zu haben. Die dicke Zwiebelmitte bildeten die arbeitenden Jahrgänge, die dünneren Bereiche unter- und oberhalb der Mitte bezeichneten jene Jahrgänge, die noch nicht oder nicht mehr im Arbeitsleben standen.

Die dicke Mitte der Zwiebel hat sich heute bereits deutlich nach oben verschoben und bildet mittlerweile eher einen Pilz. Dieses Bild wird uns noch einige Zeit begleiten, denn die ehemals dicke Mitte der Zwiebel, das sind wir Babyboomer. In etwa 20 bis 30 Jahren werden wir ganz oben angekommen sein und unter uns werden nur noch spärliche dünne Strünke nachwachsen.

Dass diese Entwicklung nicht gerade von Stabilität zeugt, erschließt sich nun wahrlich jedem, denn die Alterspyramide steht deutlich sichtbar auf dem Kopf. Das hat übrigens nicht nur für die Rentenkassen gewaltige Folgen. Als Bismarck 1871 die Rentenversorgung aus der Taufe hob, hatte der schon damals medienwirksame Coup keine absehbaren Folgen für die Staatskasse. Denn seinerzeit erreichte so gut wie niemand die Verrentungsgrenze, die bei 70 Jahren lag.

Wo immer in den vergangenen Jahrzehnten ein politisches Hochamt begangen wurde, war vom »Generationenvertrag« die Rede. In den letzten Jahren hörte man allerdings kaum noch davon – nicht ohne Grund. Generationenvertrag bedeutet nämlich: Der arbeitende Teil der Bevölkerung erwirtschaftet einen Mehrwert, den der nicht mehr arbeitende Teil in Form einer Rente ausbezahlt bekommt. Da das Verhältnis zwischen Einzahlenden und Nutznießern schon heute nicht mehr stimmt, ist die Rentenkasse zunehmend auf Zuschüsse aus dem Staatshaushalt angewiesen.

Doch was, wenn die dicke Mitte der Zwiebel nun noch weiter nach oben wächst? Im Jahr 2040 wird es 40 Prozent weniger Arbeitskräfte geben als heute, nämlich 26 statt 41 Millionen. Zur Bewältigung des Problems bieten sich die folgenden Lösungen an:

Die Verrentung erfolgt später.
Die Forderung Franz Münteferings, das Rentenalter auf 67 Jahre anzuheben, ist ein erster Schritt. Wollte man das System jedoch tatsächlich stabilisieren, dürften die Menschen statistisch gesehen erst mit 77,2 Jahren in Rente gehen.

Die Rentenleistungen sinken.
Die von der Regierung beschlossene Nullrunde für die Rentenempfänger über zwei Jahre hat leider nicht mehr als kosmetische Wirkung.

Der Rentenabzug vom Arbeitnehmereinkommen wird drastisch erhöht.
Damit wäre ein heftiger Streit unter den einzelnen Generationen vorprogrammiert und praktisch unvermeidbar.

Wir importieren Arbeitskräfte.
Allerdings müssten diese den Mehrwert tatsächlich erarbeiten können. Wie Andrea und Roland Tichy in ihrem Buch *Die Pyramide steht Kopf* vorrechnen, müssten wir, um das heutige Verhältnis von Arbeitnehmern und Rentnern stabil zu halten, jährlich ca. 3,6 Millionen Arbeitnehmer bis zum Jahre 2050 ins Land holen. Oder wir bräuchten jährlich 487 000 Einwanderer, um wenigstens die Zahl der Erwerbsfähigen stabil zu halten. Mindestens aber wären 344 000 Einwanderer jährlich nötig, um die Bevölkerungszahl stabil zu halten. Mit Verlaub: Das klingt alles nicht so, als könnte es tatsächlich umgesetzt werden.

Die Menschen sorgen verstärkt privat vor
Die Politik unterlässt die Zimmerarbeiten am einstürzenden Rentengebäude und bereitet uns nicht schonend, sondern ehrlich darauf vor, dass Alterssicherung von nun an der Privatinitiative unterliegen muss. Die Staatskasse wird binnen kurzem nämlich höchstens noch ein Taschengeld an die Rentner verteilen können.

Unserer Ansicht nach wird es über kurz oder lang zu Mischformen dieser Lösungsszenarien kommen. Dem wahrscheinlichsten – wenn auch für viele nicht minder schmerzhaften – Fall wollen wir hier das Wort reden: der individuellen Verantwortung.

Auch wenn Väterchen Staat noch ein Weilchen die Renten-Schaubühne aufgebaut lässt und wechselndes Personal zur Märchenvorführung nach vorne bitten wird: Die Mehrheit der Bevölkerung wird nicht umhin kommen, den wesentlichen Anteil des Geldes, das sie im Alter auszugeben gedenkt, selbst beizeiten zur Seite zu legen. Genau das beschreibt Haug von Kuenheim mit treffenden Worten in der ZEIT Nr. 13 vom 23.03.2006, wo es heißt: »Der Euro kann vom Rentner oder vom Enkel ausgegeben werden, aber nicht von beiden.« Eine andere Möglichkeit wäre, sich am besten gleich von dem Konzept »Ruhestand« zu verabschieden.

Der Gedanke, das Arbeiten aus Altersgründen und nicht krankheitsbedingt einzustellen, ist in Bezug auf die Menschheitsgeschichte gerade mal einen Lidschlag alt. Übrigens hat er sich nur in wenigen westlich geprägten Ländern überhaupt durchgesetzt.

Vielleicht wäre es daher hilfreich, möglichst zügig zu akzeptieren, dass diese zu Beginn der Industriegesellschaft geborene Idee durch die gänzlich andere Struktur der Informationsgesellschaft schlichtweg überholt ist. Nichts weiter als ein Relikt, dem die gesellschaftliche Entwicklung das Attest »nicht zukunftsfähig« ausstellen musste.

Falsche Bilder erzeugen falsche Vorstellungen

Unser Bild vom Alter ist einerseits individuell, da wir unseren Eltern und Großeltern – natürlich in unterschiedlicher Intensität – beim Altern zugesehen haben. Andererseits ist es aber auch konfektioniert, denn die Medien vermitteln häufig den Eindruck, das Alter sei eine eher unattraktive Lebenslage. Der Tchibo-Onkel mit Hut, Tante Klementine, Herr Dittmayer und der gestrenge Doktor Best mit seinen Zahnbürsten: Viel mehr war da nicht. Und auch die Titelseiten zahlloser Magazine und Zeitschriften zieren die Gesichter und Körper faltenfrei lächelnder Spätjugendlicher.

Doch keine Regel ohne Ausnahme: Sean Connery bietet weit jenseits der offiziellen Verrentungsgrenze reichlich Identifikationspotenzial für späte Helden. Selbst die erotische Ausstrahlung wird ihm trotz Glatze wohl kaum jemand absprechen. Aber eine Schwalbe macht noch keinen Sommer. Zwar lassen sich mit viel gutem Willen einige weitere Zeichen eines allmählichen Trendwechsels erkennen: So gibt Judy Dench in den letzten James-Bond-Filmen beispielsweise die ehrfurchtgebietende Leiterin des britischen Geheimdienstes MI6 und auch die deutschen Fernsehkommissarinnen vermehren sich nicht nur, sondern werden darüber hinaus auch immer älter – ohne dabei ihren Sex-Appeal zu verlieren.

Dennoch haben die Fernseh- und Kinostars ab einem gewissen Alter im Allgemeinen eher Staffagefunktion. Heldinnen werden nun mal höchstens 40. Der Hype, der um Sharon Stones Bereitschaft veranstaltet wird, auch mit 48 Jahren noch die Hüllen für *Basic Instinct 2* fallen zu lassen, bezieht seine Energie wohl eher aus der Anmaßung und der Provokation des Üblichen. Erst wenn die Kinokritiker mehr über die schauspielerische Leistung räsonieren und nicht nur über den Enthüllungsakt an sich, darf man von erobertem Territorium sprechen. Noch ist es jedenfalls nicht so weit.

Auf der anderen Seite versorgt uns das Nachrichtenfernsehen, sobald Themen wie Rentenerhöhung oder Pflegeversicherung bebildert werden müssen, mit Tauben fütternden, auf Parkbänken sitzenden Senioren oder gebrechlichen Uralten, die ihren Gehwagen nur noch mit Mühe über den Linoleumboden ihres Pflegeheims schieben können.

Die Erinnerung an das Altern unserer Altvorderen und die unselige Bildauswahl der Medien erzeugen eine Vorstellung in unseren Köpfen, die mit der Realität wenig gemein hat. Auch hierzu ein paar erhellende Zahlen: 98

Prozent der 60- bis 70-Jährigen sind unabhängig und selbstständig, 88 Prozent der 70- bis 80-Jährigen kommen ohne Fremdhilfe aus und immerhin noch 66 Prozent der über 80-Jährigen können sich selbst versorgen. Übrigens sitzen die wenigsten von ihnen den ganzen Tag auf Parkbänken und füttern hauptamtlich Tauben.

Das ist heute die Realität!

Die Alten in der Werbung

Wie werden wir künftig leben (müssen)?

Dieser Frage widmen sich auch die Zukunfts- oder Trendforscher. Mit ihnen müssen sich eigentlich nur diejenigen befassen, die aus ihren Erkenntnissen – oder sagen wir besser Prognosen – etwas ableiten möchten: die Werbebranche.

Produkte und Dienstleistungen, die künftig gebraucht werden könnten, den Kaufwilligen als verlockend zu präsentieren, ist die Kernaufgabe der Werbung. Die Macher dürfen daher nicht so abgehoben und theoriebezogen sein wie die Zukunftsforscher und müssen dennoch dem Stand der Dinge einen Tick voraus sein. Sie vermitteln den Konsumenten die unmittelbare Zukunft, machen sie mit Bildern und Worten begreifbar und versuchen die Begehrlichkeit der Menschen auf Neues zu animieren. Tauchen die Alten also mittlerweile in der Werbung auf?

Anders als noch vor einigen Jahren stehen heute auch die älteren Konsumenten für Freiheit, Luxus, Vergnügen und Selbstverwirklichung. Man wird sie also kaum mit Hilfe von Spar- oder Moralaposteln gewinnen können. Dr. Best hat also ausgedient.

Sehen Sie sich doch mal die Fernseh- und Kinowerbung bewusst an. Sie bietet Ihnen einen Blick in Ihre eigene mögliche Zukunft. Die Alten wirken deutlich weniger alt als früher, sind viel agiler, lebensbejahender, durchsetzungswilliger und -fähiger als noch vor zehn Jahren. Das gibt doch Anlass zur Hoffnung.

Aber was mit uns tatsächlich passiert, liegt zu einem guten Teil auch in unserer Hand. Unser Tipp: Gehen Sie ins Kino und sehen Sie sich einen alten (*Harold und Maude* aus dem Jahr 1971) und einen neuen Film (*Elsa und*

Fred aus dem Jahr 2005) zum Thema an. Dann wissen Sie, was der Wille gerade auch im Alter vermag.

2. *Lifestyle Management*

Früher hätte niemand im Traum daran gedacht, dass sich über 60-Jährige einmal Gedanken über ihren Lebensstil machen würden. Vielleicht waren emeritierte Professoren, ehemalige Opernsänger und -sängerinnen oder der eine oder andere exaltierte Künstler die Ausnahme, aber für Otto Normalverbraucher galt wohl eher: Sie wurden nun mal auf die Weise alt, auf die auch ihre Vorgängergenerationen alt geworden waren.

In der Regel ging das Ganze nach der Pensionierung noch ein paar Jahre lang gut. Wer Glück hatte, konnte seine Enkelkinder aufwachsen sehen, und das war es dann. Im Kapitel »Mentale Fitness« werden wir noch genauer darauf eingehen, dass das heute ganz anders sein kann. Nachdem man erkannt hat, dass die Hirnleistung im Alter nicht automatisch abnimmt (eines der hartnäckigsten Vorurteile gegenüber alten Menschen), sondern höchstens anders funktioniert, stellt sich die Frage: Was machen denn nun die Alten mit ihrem gut funktionierenden Gehirn?

Die gute Nachricht: Sie benutzen es! Die schlechte Nachricht für manche ihrer Kinder: Sie benutzen es oft nach ihrem eigenen Gutdünken, ohne ihre Kinder vorher zu fragen (!). Das alleinige Ziel heißt nicht mehr, möglichst viel Besitz vererben, sondern den hinzugewonnenen Jahren möglichst viel Leben einzuhauchen. Und das kann im Einzelfall schon mal das gesamte potenzielle Erbe kosten.

Die heutigen Alten richten sich nicht mehr nach den Vorstellungen ihrer Kinder, sondern ersinnen zunehmend unabhängiger und manchmal zum Entsetzen ihrer Familie eigene Lebensentwürfe und starten nach dem Beginn des eigentlichen Ruhestandes noch einmal richtig durch.

Noch vor zehn oder zwanzig Jahren – den meisten Menschen geht es bis heute so – konnte sich kaum jemand Sex mit 65 oder gar 70 Jahren vorstellen. Inzwischen haben zumindest die Selbstbewussten unter den Alten begriffen, dass die natürliche Altersgrenze für Sex vor allem dort existiert, wo sie beliebig veränderbar ist: im eigenen Kopf. Immer mehr Menschen reißen daher diese Grenze ein und kümmern sich nicht um die anmaßenden (Ekel)-Gefühle der anderen.

Alte gründen heute Internet-Cafés und Motorradclubs, organisieren ihre Reisen zunehmend selbst oder gehen gar als spät berufene Entwicklungshelfer mit 71 Jahren nach Nordvietnam oder in den Kongo und finden dort gar die Erfüllung, die sie ihr liebes langes Berufsleben vielleicht vermissen mussten. Oder sie gründen Wohn- und Fahrgemeinschaften, um zu studieren, etwas Neues auszuprobieren oder einfach, um nicht einsam zu sterben.

Nicht jeder will gleich in den Kongo ziehen, aber es gibt heute mehr als genug Möglichkeiten, Gehirn und Bewegungsapparat fit zu halten und damit endlich das zu tun, wozu der jeweilige Körperteil ursprünglich gedacht war: um die eigene Mobilität sicherzustellen und zum unabhängigen Denken. Die Zeiten netter, aber langweiliger Omas und Opas sind vorbei – Gott sei Dank!

Allerdings gefällt diese Art zu leben nicht

allen, die mit agilen alten Menschen zu tun haben. Die modernen Alten müssen daher ein neues Maß an Selbstbewusstsein und Selbstsicherheit entwickeln, das es ihnen erlaubt, die zahlreichen Möglichkeiten, die sich ihnen bieten, auch wirklich zu ihren eigenen Gunsten zu nutzen.

Manchmal hat man den Eindruck, dass alle Menschen ganz selbstverständlich unbedingt uralt werden wollen, aber kaum wissen, was sie mit ihrer neu gewonnenen Zeit anfangen sollen. In jedem Alter gibt es aber etwas vom Leben zu erwarten, und es lohnt sich im Grunde immer, es auszuprobieren, zu genießen oder auch nur zu erleben. Damit ist Zukunft *immer* sinnvoll, auch noch mit 85 Jahren.

Schöner als Pablo Casal, der berühmte Cellist, könnte es niemand ausdrücken. Auf die Frage eines Reporters, warum er in seinem Alter noch jeden Tag fünf Stunden übe, antwortete der 93-Jährige: »Ich habe den Eindruck, ich mache Fortschritte.«

Statt zu jammern, dass sie künftig erst mit 67 und eventuell sogar noch später aus dem Berufsleben ausscheiden können, sollten die Betroffenen froh sein, überhaupt so lange arbeiten zu *dürfen*. Wer länger lebt, *darf* auch länger arbeiten! Das ist allemal besser, als möglichst früh in Rente zu gehen und dann die Krankenkasse mit den Rechnungen von Beschäftigungstherapeuten zu belasten, die dafür bezahlt werden, dass sie den Alten mehr oder weniger sinnvoll die Zeit vertreiben, damit diese nicht völlig geistig und körperlich einrosten.

Besser den Alten das Arbeiten erlauben, anstatt sie systematisch daran zu hindern. Ist es denn nicht angeblich das Hauptproblem vieler alter Menschen, dass sie nicht mehr gebraucht werden? Also (ge)brauchen wir sie doch! Es gibt genug gesellschaftliche und wirtschaftliche Bereiche, in denen Unterstützung bitter nötig wäre.

Wir brauchen dringend neue Beschäftigungssysteme. Wenn wir auf gesellschaftlicher Ebene anfangen würden, darüber nachzudenken, was man im hohen Alter noch alles tun kann, anstatt zu überlegen, wie wir möglichst schnell in eine gesellschaftlich nicht zu akzeptierende Altersstarrheit verfallen, hätten wir einen ersten großen Schritt in die richtige Richtung getan. Die berühmte Binnennachfrage, die der Konjunktur seit Jahrzehnten fehlt, könnten *aktive* Alte mit Sicherheit anfachen.

Wir haben bei unseren Recherchen herausgefunden, dass ein jeder mindestens sieben Schritte durchlaufen sollte, wenn er das Projekt »Altern« erfolgreich und zugleich lustvoll und befriedigend angehen möchte.

Erfolgreich Altern in sieben Schritten

1. Die eigene Lage erkennen und analysieren

Um die eigene Lage wirklich bewusst wahrzunehmen und zu einer objektiven Einschätzung zu kommen, die einem bei der Planung eines befriedigenden Lebens im Alter weiterhilft, sollte man sich zumindest in den Grundzügen mit Psychologie und Medizin auskennen. Denn nur dann lässt sich die eigene körperliche und geistige Fitness realistisch einschätzen und man kann die erforderlichen Maßnahmen ergreifen, etwa in Form eines gezielten Trainings.

Dazu gehört auch, dass wir verstärkt auf unsere eigenen Ideen und Gefühle achten – und sie in unserer Planung tatsächlich berücksichtigen.

2. *Eigene Ressourcen entdecken und entwickeln*

Mit dem auf uns selbst gerichteten Blick sind wir in der Lage, die notwendigen Ressourcen zu entdecken oder zu entwickeln, um unsere Ziele tatsächlich zu erreichen. Dabei müssen wir vor allem lernen, selbst zu entscheiden, welche Ressourcen für unsere Vorhaben von Bedeutung sind und welche nicht. Von einigen Basiskompetenzen wie zum Beispiel einem im medizinischen Sinne möglichst gesunden Körper einmal abgesehen, sollten wir daher von Anfang an selbst bestimmen, was genau unsere Kernkompetenzen oder Kernressourcen sind.

Unser Leben lang sind wir diversen Etikettierungsprozessen ausgesetzt. Je nachdem, ob wir dick oder dünn sind, welche Krankheiten wir haben, welcher Familie oder welchem Geschlecht wir angehören. Unsere Familie, unsere Freunde, unsere Geschäftspartner werden nicht locker lassen: Sie alle wollen uns nur zu gerne in die eine oder andere Schublade stecken. Das hat einen einfachen Grund. Wenn wir uns wandeln, dann zwingen wir gewissermaßen auch die Personen in unserem Umfeld dazu, sich zu verändern, denn sie müssen zwangsläufig auf unser Verhalten reagieren. Es geht in diesem Punkt also um eine besondere Form der persönlichen Unabhängigkeit, die wir uns wenigstens im Alter leisten sollten.

3. *Die eigene Unabhängigkeit entwickeln und stärken*

Als Kind, das die Welt noch nicht in allen Facetten überblicken konnte (wem gelingt das schon als Erwachsener?), haben wir das eine oder andere einfach so von unseren Eltern und anderen Menschen übernommen, weil wir nicht selbst bestimmen konnten, woran wir uns orientieren. Später haben wir immer noch Ideen, Weltanschauungen und Glaubenssätze von Bezugspersonen, so genannten Vorbildern, übernommen, ohne dass dies zum Überleben zwingend notwendig gewesen wäre.

In unserem Alter wäre es jedoch hinderlich bis schädlich, sich nicht darüber klar zu werden, welche Mosaiksteine für unsere Persönlichkeitsentwicklung brauchbar sind. Wir müssen also überlegen, welche Glaubenssätze wir beibehalten wollen und welche wir ändern sollten, wenn wir souverän auf unser Ziel zusteuern: die Selbstverwirklichung. Einen gewissen Grad an Selbstverwirklichung als Form der Autonomie brauchen wir einfach, um uns nicht ständig von unserem eigenen Weg abbringen zu lassen.

4. Eigene Ziele wirksam setzen

Sind wir erst an diesem Punkt angelangt, so ist es uns auch möglich, einen Weg einzuschlagen, der es uns erlaubt, unseren Grad der Aktivität selbst zu bestimmen und damit zufrieden und glücklich alt zu werden. Wer sich keine Ziele mehr setzt, ist wirklich alt geworden. Wer sich auf nichts mehr freut, hat alles hinter sich. Vermutlich auch sein Leben.

Wir halten die Frage der erfolgreichen Zielsetzung für derart wichtig für die Lebensplanung, dass wir Ihnen hier gleich eine Methode verraten, welche die Wahrscheinlichkeit deutlich erhöht, dass Sie Ihre selbst gesetzten Ziele auch erreichen werden. Jeder, der schon mal an Silvester Vorsätze für das neue Jahr gefasst hat, wird ein Lied davon singen können, wie schwer es manchmal fällt, diese nicht gleich am nächsten Tag wieder zu vergessen.

Sie müssen Ihre Ziele festlegen, allerdings nicht allgemein und schwammig – »später soll es mir mal gut gehen« klingt zwar schön, ist aber kaum erreichbar –, sondern möglichst konkret. Ihre Ziele sollten daher in Anlehnung an die amerikanische Methode aus der Management-Szene möglichst SMART sein, damit Sie sie erreichen, denn nichts ist so frustrierend, wie unerreichbare Ziele zu verfolgen. Das findet auch Annemarie Carracciolo, die in ihrem Buch *Smart Teams* hierzu schreibt: »Das ist, als wenn man als Hund seinen Schwanz jagt.«

Im Einzelnen heißt das nun:

S	specific	spezifisch
M	measurable	messbar
A	activity based	auf eigener Aktion (Initiative) beruhend
R	realistic	realistisch
T	timed	mit Kontrolltermin

S Ein Ziel sollte *spezifisch* sein, damit man es erreichen kann. Der allgemeine Vorsatz »ich muss dringend etwas für meine Gesundheit tun« ist nicht hilfreich, die konkrete Absicht »ich werde mit dem Radfahren anfangen« dagegen schon.

M Ein Ziel sollte *messbar* sein. Der allgemeine Vorsatz »ich werde ab und zu mal Rad fahren« ist nicht hilfreich, die konkrete Absicht »ich werde pro Woche 50 Kilometer fahren« dagegen schon.

A Ein Ziel sollte auf eigener *Aktion* beruhen. Der allgemeine Vorsatz »ich will selbstsicherer werden« ist nicht hilfreich, die konkrete Absicht »wenn mich beim nächsten Mal wieder jemand zu einem Stück Torte überreden will, werde ich nein sagen und einen Apfel essen« dagegen schon.

R Ein Ziel sollte *realistisch* sein. Der völlig übertriebene Vorsatz »im Frühjahr wiege ich 60 Kilogramm weniger« ist nicht hilfreich, sondern die realistische Absicht »ich werde ein Jahr lang pro Monat ein Kilo abnehmen« dagegen schon.

T Ein Ziel sollte *terminiert* sein. Der allgemeine Vorsatz »irgendwann in den nächsten Wochen fange ich an Rad zu fahren« ist nicht hilfreich, die konkrete Absicht »nächsten Montagabend fahre ich zehn Kilometer Rad (und zwar egal, ob es regnet oder nicht)« dagegen schon.

Jetzt haben wir ein Ziel, das wir tatsächlich verfolgen können. Außerdem lässt sich auf einen Blick feststellen, ob wir es erreicht haben oder ob wir neu überlegen müssen. Vielleicht das Ziel verändern oder doch eher den Weg dorthin? Wenn wir uns realistische Ziele setzen, uns also mit relativ kleinen Schritten voranwagen, ist die Enttäuschung nicht so groß, falls etwas mal nicht gleich beim ersten Versuch klappt.

Smart heißt aber noch viel mehr, nämlich dass die ersten Erfolgserlebnisse nicht lange auf sich warten lassen, was uns wiederum motiviert, weiterzumachen oder gar die Messlatte ein Stück höher zu setzen. Doch im Moment ist das unumstritten Allerwichtigste, überhaupt erst einmal anzufangen. Und dafür reichen selbst die kleinsten, dafür aber erfolgreichen Schritte vollkommen aus. Einem chinesischen Weisen wird der Satz »Auch der längste Weg beginnt mit dem ersten Schritt« zugeschrieben – wer auch immer dieser weise Mensch sein mag, er hat zweifelsohne Recht.

Unabhängigkeit erfordert nun mal Mut, denn sie ist nicht per Deklaration oder über einen Volkshochschulkurs zu haben und führt in der Regel zu Auseinandersetzungen mit einigen inneren und äußeren Schweinehunden, die uns in der guten Stube der langweiligen Gewohnheiten und alltäglichen Banalitäten festhalten wollten. Und zwar schon lange bevor wir uns entschlossen haben, unser Altern zu planen.

Wenn man erst einmal anfängt, die Planung selbst in die Hand zu nehmen, stößt man nämlich an viele Grenzen, vor allem auch sozialer Natur. Wir sind eben nicht automatisch von Unterstützern umgeben, die nur darauf warten, uns bei unserem Vorhaben zu helfen. Deswegen lohnt es sich, wenn wir uns mit Menschen umgeben, die uns unterstützen, anstatt uns zu hemmen.

Das führt sicherlich zu einigen neuen, schönen Bekanntschaften, vielleicht sogar Freundschaften. Ebenso sinnvoll ist es aber auch, den Kontakt zu denjenigen einzuschränken, deren

Lebensaufgabe es zu sein scheint, uns auszubremsen. Mit ihrem Feuerwerk an Bedenken wollen sie uns nämlich nur daran hindern, so zu werden, wie sie es sich selbst nicht zutrauen und deswegen auch keinem anderen erlauben wollen.

5. Gegenseitige Unterstützung geben und erfahren

Unterstützung kann sich lediglich derjenige holen und auch anderen geben, der selbstbewusst und selbstsicher genug ist, sich ohne weiteres einzugestehen, dass er Unterstützung braucht. Nur dann ist er nämlich so sicher und gefestigt, dass sein eigenes Tun und Lassen für andere hilfreich sein kann. Hierfür gibt es mehr als genug positive Beispiele und Menschen in ähnlichen Situationen. Wir müssen uns nur ein wenig umsehen, und schon begegnen sie uns.

6. Einen Papierkorb für Gedankenmüll aufstellen

In diesen Korb werfen wir sämtliche Gedanken, die uns an der größtmöglichen Entfaltung hindern: alle Etiketten, die uns andere anheften wollen und die uns nicht passen, die ganzen dummen Witze, die immer bloß »gut gemeint« sind und uns auf die Dauer zermürben, die vielen Ratschläge, die pädagogisch begründeten Erpressungen, die Nötigungen, die uns angeblich auf den rechten Pfad zurückbringen sollen und uns bloß trotziger und wütender und so manches Mal leider auch hilflos gemacht haben. Der ganze Müll muss weg!

Wenn unsere Kinder unsere Freunde nicht mögen, dann ist das schade, aber nicht unser Problem. Wenn unsere Verwandten sich beklagen, dass wir so anders sind als noch vor kurzem, dann verstehen wir das einfach als Kompliment und bedauern gleichzeitig deren Unflexibilität.

Für einen unserer Kunden haben wir vor vielen Jahren einen versilberten Tischabfalleimer angeschafft, den dieser Mann nach und nach mit sämtlichen auf ihn bezogenen Zweifeln seiner Mitmenschen füllte. Er schrieb alles, was ihm nicht passte und was ihn nicht im konstruktiven Sinne zum Nachdenken brachte, auf kleine Zettel. Im Rahmen eines kleinen Rituals versenkte er diese dann jeden Abend in dem silbernen »Mülleimer der eigenen Empfindlichkeiten«, wie er das Behältnis nannte. Wirklich eine empfehlenswerte Idee.

Aber einerlei, was Sie tun werden. Wir brauchen diesen Platz, diese Entsorgungsmöglichkeit für problematische Glaubenssätze und Etikettierungen, damit wir sie wirklich loswerden können! Und wir brauchen Ersatz: andere, für uns zielführendere Glaubenssätze. Die falschen gehen nicht von alleine und die richtigen kommen nicht von alleine! Abwarten gilt nicht, und wenn wir nicht selbst HANDELN, so tut es kein anderer für uns!

7. *Autonomie erleben – sich selbst verwirklichen*

Einen gewissen Grad von Selbststeuerung oder Autonomie zu erreichen, der es einem erlaubt, unabhängig und ohne Bedauern zu sterben, ist ebenfalls ein wichtiges Ziel.

Einige Menschen behaupten, das Leben sei lediglich eine Vorbereitung auf den Tod, vielleicht haben sie sogar Recht – obwohl uns das ein bisschen zu düster klingt. Aber wenn es so ist, dann investieren wir doch am besten sofort in diese Vorbereitung, schließlich sollte sie ebenso befriedigend und dauerhaft wie sinnvoll sein!

Alles in allem können wir die Art und Weise, wie wir altern, viel stärker beeinflussen, als wir glauben. Einige flankierende Maßnahmen für erfolgreiches Lifestyle-Management im Alter sind:

Denken: lieber gesund sterben als todkrank leben!

In den meisten Fällen können wir bereits im Kopf die Dinge so verändern, dass sich unsere Ziele auf die Dauer realisieren lassen. Haben wir einen positiven Vorsatz gefasst, wie zum Beispiel »gesund sterben«, dann werden wir unseren gesamten Wahrnehmungsapparat fortan danach ausrichten. Wir werden in der Regel mit höherer Wahrscheinlichkeit Dinge verfolgen, die zu diesem Ziel führen, und Dinge meiden, die uns davon abhalten könnten.

Diese Form der bewusst herbeigeführten, sich selbst erfüllenden Prophezeiung können wir uns jederzeit zu Nutze machen. Allerdings wird sie nur eintreten, wenn wir von ihrer Wirkung auch überzeugt sind. Diejenigen von uns, die grundsätzlich von Misstrauen beherrscht und vom Schlechten überzeugt sind, die den Untergang vorausschauend und vorwegnehmend zelebrieren, werden sich mit ihrer negativ besetzten Wahrnehmungs- und Handlungsweise höchstwahrscheinlich bestätigt fühlen. Denn sie werden ihre Möglichkeiten nicht ausschöpfen. Als einziger (allerdings magerer oder bitterer) Triumph wird ihnen bleiben, dass sie es ja schon vorher wussten. Alles wird immer schlechter und sich schließlich gegen sie wenden, aber auf ihrem Grabstein wird nur stehen: XY hatte Recht.

Handeln: früh genug mit dem Training beginnen

Anfangen. Einfach anfangen, wenn die Einsicht kommt, und bloß nicht denken: Das kann ich später immer noch tun. Sobald der Gedanke gedacht ist, folgt das Handeln, denn das hält dann wiederum den Gedanken aufrecht. Das eigene Leben aufschieben geht nicht, es läuft unweigerlich ab.

Fühlen: Was Lust macht, motiviert, und was motiviert, führt zum Ziel

Sich in den Auswirkungen seiner eigenen Gefühle und Bedürfnisse zu erkennen und sich bewusst danach zu richten ist nicht jedem gegeben. Je nachdem, welcher Religion jemand angehört oder wie seine Grundwerte lauten, wird er es als schwierig bis unmöglich empfinden, so viel »Egoismus« angesichts seines Gottes oder seiner Grundüberzeugung zu leben.

Aber: Kein Gott fordert von seinen Gläubigen, dass sie kritiklos und dumm sind. Kein ethischer Grundsatz beschränkt die Werte eines Menschen auf die Fähigkeit, ohne eigene Vorstellungen möglichst hilflos durchs Leben zu gehen, um sich anderen tatsächlich unterzuordnen. Auch einen Grundwert kann man besser umsetzen und einem Gott besser dienen, wenn man sich seiner selbst sicher und der eigenen resultierenden Taten bewusst ist.

Beeinflussen: Ziehen Sie andere auf Ihre Seite

So wie andere (Lehrer, Pastoren, Vorgesetzte, Politiker, Eltern, Großeltern, Freunde) uns ganz selbstverständlich beeinflussen, haben wir das Recht, andere zu beeinflussen. Das gilt vor allem dann, wenn wir gemerkt haben, dass es sich lohnt, sich für eine Idee stark zu machen und sie zu verbreiten.

Vor allem aber haben wir das Recht, uns

Verbündete zu suchen, uns das Leben durch Gleichgesinnte leichter zu machen und uns eine eigene Gemeinschaft aufzubauen, die dieses Ziel für alle Mitglieder gleichermaßen verfolgt. Wir in Deutschland haben das Glück, in einem Staat zu leben, der dieses Recht allen seinen Bürgern zugesteht.

»Geht nicht!«, gilt in unserem Falle glücklicherweise nicht. Denn wenn wir keine Gruppe von Leuten finden, denen wir uns anschließen können, haben wir immer noch die Möglichkeit, uns Leute zu suchen, die sich uns anschließen.

Kultur verändern:
Begriffe wie »Peinlichkeit« neu definieren

Unsere Familie, unser Freundeskreis, unsere guten Bekannten – mit diesen Menschen können wir uns ohne Angst auf Auseinandersetzungen einlassen, sie als Vorbild überzeugen oder begeistern und auch mal verlieren, ohne gleich aus der Gesellschaft ausgestoßen zu werden – hoffentlich.

In der Auseinandersetzung aber werden wir entweder gleich Unterstützer finden oder sie wird uns zu einem klareren Profil und einem sichereren Standpunkt verhelfen. Dies ist der Kulturwandel, den wir zunächst brauchen.

Warum denn sollte zum Beispiel Sex im Alter peinlich sein? Wenn Menschen anderen Peinlichkeit unterstellen, so bedeutet das letztendlich doch nur, dass sie selbst mit dem Thema nicht umgehen können und nicht dass der Handelnde sein Tun überdenken sollte. Die eigene Unfähigkeit wird dann mit höheren Begründungen überdeckt.

Wir sagen: Lassen Sie sich nicht ins Bockshorn jagen! Es geht! Man muss es nur wollen. Scheuen Sie sich nicht, Ideen zu verfolgen und in die Tat umzusetzen, die Ihnen lohnenswert erscheinen. Machen Sie regen Gebrauch von unseren Checklisten in Kapitel 7 und gehen Sie mit Lust und Konsequenz an die Verwirklichung Ihrer Pläne. Wenn Sie andere Checklisten entwerfen oder unsere weiterentwickeln wollen – wunderbar. Je individueller, desto besser!

Lassen Sie es nicht zu, dass Sie inaktiv und gelangweilt auf Ihr Ende warten. Unternehmen Sie diese Anstrengung und gönnen Sie sich diesen Genuss. Alle werden es nicht schaffen. Das darf aber kein Grund für Sie sein, es gar nicht erst zu versuchen. Jeder Schritt in Richtung Aktivität ist vor allem eins: ein Schritt in die richtige Richtung.

Viel Erfolg, liebe Leserinnen und Leser, bei Ihrer persönlichen Kultur-Evolution! Und beim gekonnten Altern!

3.
Mentale Fitness

In diesem Kapitel wollen wir Ihnen nicht erklären, wie Sie es schaffen können, bis ins hohe Alter Rechenkunststückchen bei *Wetten, dass ...?* aufzuführen. Vielmehr geht es darum, wie Sie die Leistung Ihres Gehirns möglichst lange erhalten oder vielleicht auch noch etwas steigern können. Denn nur so können Sie mit möglichst vollständiger Wahrnehmungs- und Denkleistung alt werden, anstatt langsam, aber sicher im Nebel der Demenz verloren zu gehen.

Gott sei Dank gehören inzwischen Überzeugungen wie »ab 16 geht es mit der Hirnleistung bergab« oder »Was Hänschen nicht lernt, lernt Hans nimmermehr« und ähnliche Glaubenssätze der Vergangenheit an.

In der Regel werden zwar irgendwann die Nervenzellen unseres Gehirns insgesamt weniger, die Verbindungen zwischen ihnen, die

Dendriten, vermehren und vernetzen sich jedoch alleine dadurch, dass man sie benutzt. Um die Hirnleistung zu steigern, braucht man also nicht unbedingt mehr Nervenzellen, sondern lediglich mehr Verbindungen zwischen ihnen.

Vor kurzem haben Wissenschaftler zudem entdeckt, wie der *Spiegel* in Heft 20/2006 berichtete, dass sogar im erwachsenen Hirn laufend neue Neuronen entstehen, und zwar aus neuronalen Stammzellen an einer bestimmten Stelle des Hippocampus, einer Struktur unterhalb der Großhirnrinde. An dieser Stelle – dem Gyrus dentatus – werden vermutlich ins Gedächtnis einlaufende Informationen verdichtet. Insgesamt verbessert dieser Vorgang damit nicht die Speicherleistung des Computers Hirn, sondern dessen Prozessor. Das bedeutet nichts anderes, als dass die Informationsverarbeitung dadurch erhalten oder gar deutlich verbessert wird.

»Für neuronalen Nachschub kann jeder durch geistige und körperliche Aktivität sorgen. Die adulte Neurogenese im Hippocampus vermindert möglicherweise den geistigen Abbau und trägt so zu einem erfolgreichen Altern bei«, heißt es in *Gehirn und Geist*, einer Zeitschrift des Verlags Spectrum der Wissenschaft.

Diese Neurogenese wird im Wesentlichen gefördert durch neue Reize von außen, wie mehrere Versuchsreihen mit Mäusen bewiesen haben. Also auch hier zeigt sich: Alles gehört zusammen. Setzen wir uns Reizen von außen im Alter nicht mehr aus, dann verkümmern wir und nehmen letztendlich noch weniger wahr. Dies könnte bereits der physiologische Beweis dafür sein, dass Aktivität im wahrsten Sinne des Wortes das Hirn trainiert. Wie heißt es noch so schön? Wer rastet, der rostet.

Damit ist die Niere offenbar momentan das einzige Organ oder der einzige Zellverband, dessen Zellen sich nicht regenerieren können. Für uns bedeutet das in einem Satz: Selbst einfaches Training hält das Gehirn extrem lange funktionstüchtig, das ist genauso wie beim körperlichen Training. Wir verblöden also nicht zwangsläufig, nur weil wir älter werden.

Das ist die wesentliche Botschaft, die konkret zweierlei bedeutet: Zum einen ist es theoretisch (und praktisch) möglich, bis ins hohe Alter mental fit zu bleiben, denn unser geistiger Zustand ist nicht allein vom Schicksal abhängig. Zum anderen können wir das Schicksal nicht mehr als Ausrede hernehmen, um uns zu schonen. Der ältere und selbst der steinalte Hans können und müssen in Zukunft immer wieder und weiter dazulernen, damit sie ihr Leben möglichst bis zum letzten Atemzug selbst gestalten können.

Dies ist doch überhaupt die beste Möglichkeit, die Kostenexplosion im Gesundheitswesen einzudämmen, denn das Sparpotenzial in diesem Bereich bewegt sich vermutlich im zweistelligen Milliardenbereich.

Vielleicht werden Sie jetzt sagen: »Das habe ich längst gewusst.« Na schön, vielleicht haben Sie es geahnt oder tatsächlich gewusst, aber jetzt ist es bewiesen. Damit können auch Sie sich nun nicht mehr darauf berufen, dass es möglicherweise nur für andere oder bessere Verhältnisse, andere Zeiten oder andere Umstände gilt.

Natürlich muss nicht alles, was möglich ist, auch umgesetzt werden. Sie haben die Freiheit der Wahl. Aber wäre es nicht wunderbar, auch mit 70 noch Radtouren machen zu können und mit Freunden über Gott und die Welt zu plaudern, interessante Bücher zu lesen, und bei der

Bundestagswahl wirklich noch zu wissen, wer zur Wahl steht und was der eine oder die andere für Standpunkte vertritt?

Mit anderen Worten: Wollen Sie nicht auch im Alter noch souverän entscheiden können, selbstsicher sein, selbstständig handeln und zu gedanklichen Höhenflügen in der Lage sein? Kennen Sie Menschen mit Alzheimer? Die Mutter von einem von uns Autoren zeigt seit mehreren Jahren eine fortschreitende Alzheimer-Symptomatik. Während wir dieses Büchlein schrieben, war sie bereits in die Pflegeabteilung verlegt worden. Die Mutter des andern entwickelt gerade eine Altersdemenz. Wir wissen also, wovon wir schreiben!

Gönnen Sie sich wenigstens eine gute Chance, diesem Elend zu entgehen, wenn sich über mehrere Jahre hinweg die eigene Persönlichkeit schlichtweg auflöst. Auch wenn sich die neuesten Erkenntnisse der Wissenschaft zurzeit derartig überschlagen, dass sichere Meldungen zum Thema Alzheimer kaum verkündet werden sollten.

Immerhin deutet aber einiges darauf hin, dass man durch relativ einfache Übungen die Manifestation von Alzheimer, vor allem aber von Altersdemenz und anderen scheinbar ausschließlich altersbedingten Hirnstörungen für lange Zeit aufschieben kann. Glauben Sie uns: Nur fünf Jahre ohne Alzheimer oder Demenz können fünf Jahre pure Lebenslust bedeuten. Eine Garantie gibt es natürlich auch hier nicht, aber jeder einzelne Versuch ist es wert, gemacht zu werden!

Was entwickelt sich wie bis ins hohe Alter?

»*If you always do, what you always did, you will always get what you always got.*« Wir wissen nicht mehr, wo wir diesen Spruch zum ersten Mal gelesen haben, doch für unser Thema in diesem Buch ist er eine der besten Weisheiten. Wenn man stets beim Alten bleibt, bekommt man immer nur das Alte. Das gilt übrigens schon in jungen Jahren ... Man könnte auch sagen: Wenn man stets dasselbe tut, bekommt man immer nur dasselbe.

Wer nur ein Thema im Leben hat, der stirbt, sobald ihm dieses Thema genommen wird. Fangen wir doch ruhig mit dieser Tatsache einmal an. Was hat das für Konsequenzen für die Lebensplanung und vor allem für das Erleben des eigenen Alterungsprozesses?

Stellen Sie sich bitte mal jemanden vor, der von sich sagt: »Das Wichtigste in meinem Leben ist, dass es meinen Kindern gut geht.« Stellen Sie sich nun bitte weiter vor, dass dieser Mensch außerdem eine sehr klare Vorstellung davon hat, was für seine Kinder gut ist. Wenn der Groschen jetzt noch nicht gefallen ist, dann stellen Sie sich bitte außerdem noch vor, dass dieser jemand sagen wir mal 70 Jahre alt wird und seine Urlaube am liebsten in der Heimat verbringt. Aus Angst ist er nie im Ausland gewesen, doch seine beiden Töchter und sein Sohn, zwischen 43 und 49 Jahre alt, leben im Ausland.

Na, Botschaft verstanden?

Hier gleich noch ein Selbstversuch: Stellen Sie sich bitte vor, Sie selbst hätten in ihrem Leben immer nach finanzieller und körperlicher Sicherheit gestrebt und beides größtenteils auch erreicht. Nehmen wir weiter an, Sie hielten diese Grundeinstellung für generell verbindlich. Ihre Kinder aber sind von Beruf Entwicklungshelfer in Afrika, freier Kriegsberichterstatter und Schauspielerin in Neuseeland.

Ja, genau so ist es. Je mehr Sie Ihre eigenen Vorstellungen von Glück auch für die Glücksgrundlage Ihrer Kinder halten, desto größer ist die Wahrscheinlichkeit, dass Sie von der persönlichen Entwicklung Ihrer Kinder bitter enttäuscht werden. Abgesehen davon, dass sich damit auch Ihr Verhältnis zu Ihren Kindern schnell und dauerhaft verschlechtern kann, zeigt dieses Beispiel vor allem eines: Vor solchen Katastrophen im eigenen Leben kann man sich weder durch Schutzwälle und Verträge noch durch doppelte Schlösser an der Haustür oder Alarmanlagen, sondern lediglich dadurch schützen, dass Sie rechtzeitig lernen, sich auf anderes, andere und ganz allgemein auf Neues einzulassen.

Vielleicht erkennen Sie dann nicht nur bei Ihren eigenen Kindern, sondern auch bei fremden Menschen, die Sie sogar im hohen Alter noch kennen lernen können, interessante Aspekte, die Sie motivieren, sich immer wieder mit anderen Menschen, Ideen und Möglichkeiten zu beschäftigen. Genau das hält das Gehirn aktiv und jung und Sie selbst bleiben flexibel, interessiert und gut gelaunt. Das bedeutet jetzt nicht, dass Sie nach anderer Menschen Pfeife tanzen sollen, sondern vielmehr, dass Sie Ihre eigenen Standpunkte souveräner vertreten und verteidigen könnten, wenn Sie andere Möglichkeiten kennen würden. Im Übrigen weiß man nie, ob man seine eigenen Vorstellungen und Wünsche nicht durch Ergänzungen und Erweiterungen noch interessanter und damit auch lebenswerter machen kann.

»Zen-Geist ist Anfänger-Geist«, sagt der Zen-Meister Suzuki, und auch für unser Thema ist dieses Zitat von Bedeutung. Denn je länger wir uns den Anfänger-Geist bewahren, also den Geist eines Menschen, der noch im Stande ist, etwas (kennen) zu lernen, was ihm bis dato völlig neu, fremd oder ungewohnt war, desto länger sind wir ein belebter Teil der Natur, desto länger haben wir etwas vom Leben, selbst vom »tristen« Alltag. Erst als fertiger Experte sterben wir.

Verengung und Abschottung führen oft zur Verkümmerung von Fähigkeiten und Fertigkeiten. Zur Illustration bedienen wir uns des entwicklungsgeschichtlichen Beispiels, das Gerald Hüther in seiner *Bedienungsanleitung für ein menschliches Gehirn* so schön beschrieben hat, um die Tragödie des Spezialisten deutlich zu machen.

Die Vorfahren des Maulwurfs konnten hervorragend sehen und mussten schnell laufen können, um einerseits zu jagen und andererseits ihren eigenen Fressfeinden zu entgehen. Nun waren diese Vorfahren nicht »dumm«, weswegen einige von ihnen, die »intelligente« Idee entwickelten, sich einzugraben und unter der Erde nach Beute zu suchen. Dieses Verhalten war lange Zeit – lang im Sinne der Evolution – erfolgreich. Also hat sich der Maulwurf irgendwann darauf verlegt, nur noch unter der Erde zu jagen und zu leben. Das war ein sehr geschickter Schachzug seines Gehirns, denn er schlug damit gleich zwei Fliegen mit einer Klappe. Zum einen gab es unter der Erde genügend Würmer zu fressen und zum anderen war er damit vor seinen Verfolgern (hauptsächlich Vögel) sicher.

So weit, so genial, oder? Vernünftig im Sinne der Arterhaltung, vernünftig für den Maulwurf als Gattung. Das Leben der Maulwürfe wurde bequem und genügsam, die Tiere mit den größten Baggerschaufeln gewannen den entwicklungsgeschichtlichen Wettlauf, und da sie unter der Erde keine Augen mehr brauchten, verkümmerten diese im Laufe der Zeit. Zunächst fielen die Sehringe und die Nervenbahnen der Sehnerven weg, schließlich wurden die Augen selbst trübe.

Na und?, werden Sie jetzt sagen, unter der Erde ist der Maulwurf doch unschlagbar! Genau hier beginnt allerdings das tragische, das eigentliche Problem des Maulwurfs. Er ist zwar unter der Erde unschlagbar, aber nur so lange, wie sein Lebensraum unverändert bleibt. Bei jeder Naturkatastrophe oder jeder Veränderung von Menschenhand zieht der Maulwurf dagegen den Kürzeren und stirbt.

Er ist nämlich mittlerweile extrem unflexibel geworden und daher darauf angewiesen, dass sich seine Umwelt so wenig wie möglich verändert. Nur hat er sich da leider verrechnet. Uns dient er an dieser Stelle als ein leuchtendes Negativbeispiel eines letztlich bei jeder tief greifenden Veränderung seiner Umwelt zum Sterben verurteilten Fachidioten. Menschen mit eingeschränkter Wahrnehmung ergeht es nämlich genauso.

Angst

Angst essen Seele auf, das gilt nicht erst seit dem gleichnamigen Film von Reiner Werner Fassbinder. Angst vor Neuem sperrt Menschen in ihren (alten) geistig-emotionalen Gefängnissen ein, Angst vor Veränderungen lässt die Welt im ewig gleichen Trott veröden, Angst vor Verlust macht geizig, misstrauisch und rechthaberisch, Angst vor dem Ende verhindert den Genuss des Weges dorthin, des Lebens im Hier und Jetzt. Angst vor dem Altern schließlich verhindert erstens durch intensiv geübtes Ignorieren und Verdrängen die Entwicklung der nötigen Kompetenzen, um eines Tages erfolgreich und souverän, oder gar genussvoll altern zu können.

Dabei können wir alle durchaus etwas tun, um dieser Falle zu entgehen, etwa uns bewusst bestimmten Situationen aussetzen, in denen wir etwas lernen oder eine angenehme, anregende Erfahrung machen. Erleben wir dabei ein Erfolgserlebnis, dann steigt die Wahrscheinlichkeit, dass wir dieses Verhalten wiederholen. Am Ende entsteht vielleicht sogar ein Engelskreis, der einen zu weiterem Tun ermuntert.

Die Folge wird nicht nur sein, dass unser Gehirn sich weiterentwickelt, sondern auch, dass wir auch im Alter zunehmend interessante Menschen kennen lernen, anstatt vor dem Fernseher zu sitzen, bis uns das Fleisch vom Knochen fällt …

Vorbilder

Es ist ja nicht so, dass es für mentale Fitness im hohen Alter keine Vorbilder gäbe. Pablo Picasso, Mahatma Ghandi, Ella Fitzgerald, Jerry Lewis, Heinz Rühmann, Herbert Wehner, B. B. King, Miles Davis, Pablo Casals, Sir Peter Ustinov, Konrad Adenauer und viele andere Menschen stehen bis ins hohe Alter im Rampenlicht und sind sehr aktiv sehr alt geworden – einige sogar trotz schwerer Krankheiten.

Achim Reichel wirkte beim Konzert zu seinem 60. Geburtstag, bei dem er zweieinhalb Stunden auf der Bühne stand, nicht älter als bei seinem 50sten. Tina Turner wirkt kaum älter als vor 20 Jahren und selbst diejenigen, die schon so alt aussehen, wie sie bestimmt nicht mehr werden (etwa die Rolling Stones), sind überaus aktiv. Mit großem Erfolg bewältigen sie ein enormes Pensum, das so manchen 30-Jährigen restlos überfordern würde.

Ach so, das gilt nur für Prominente, meinen Sie? Was sagen Sie denn dann zu Onkel Heinz (der 93 wurde, und das trotz einer schweren Hungersnot und eines langen KZ-Aufenthaltes im Zweiten Weltkrieg) oder zu einem Kollegen des Vaters von einem von uns Autoren, der sich mit 75 zum dritten Mal selbstständig machte, oder zur Freundin des einen von uns, Gerlinde, die mit 89 Jahren das Glück hat, nicht an Alzheimer erkrankt zu sein wie seine Mutter. Da gibt es auch noch den Schwiegervater des anderen, der mit 60 Jahren aus dem Heimatrevier Ruhrgebiet ins grüne Allgäu zog. Mit den Jahren und der detaillierten Kenntnis wurde ihm das grüne Land dann aber doch ein wenig langweilig und die schneereichen Winter belasteten ihn zunehmend. Aber, so dachte er sich, besser ändern, als depressiv werden. Mit 81 Jahren verlegte er seinen Wohnsitz an den Stadtrand von Lübeck, tauschte das arbeitsintensive eigene Haus gegen eine unproblematische Mietwohnung und blühte erneut auf. Nicht zuletzt lag es auch daran, dass seine neue Lebensgefährtin – er hatte sie mit 72 Jahren im Allgäu kennen gelernt – mit ihm dorthin zog.

Wie heißt es so schön? Jeder ist seines Glückes Schmied. Flexibilität und die Fähigkeit, neu anzufangen, sind also wahrlich nicht den Prominenten vorbehalten.

Gehen Sie doch Ihren Bekanntenkreis einmal nach wirklich alten Menschen durch. Keine Scheu, Sie müssen nicht auf langweiligen 80sten Geburtstagen herumsitzen, aber Sie haben die Chance, interessanten Menschen zu begegnen und jede Menge dazuzulernen. Und mit denjenigen, die Sie nicht mögen, pflegen Sie eben keinen Kontakt. Wir sind uns sicher, dass Sie den einen oder anderen Menschen treffen werden, von dessen Bekanntschaft Sie jedenfalls profitieren können.

Ihre Welt wird sich erweitern. Sie werden schnell herausfinden, wie Sie alt werden möchten – und wie auf keinen Fall. Sie werden sich also entwickeln und schon hat das Abenteuer Altwerden begonnen. Und zwar nicht, indem Sie anfangen dahinzusiechen, sondern indem Sie selbst beständig wachsen.

Training für Ihr Gehirn

Ihr Gehirn lässt sich wie schon weiter vorn erwähnt genauso trainieren wie Ihre Bein- oder Armmuskeln. Je gesünder die einzelnen Zellen sind und je mehr sie gefordert werden, desto besser funktioniert das gesamte Netzwerk. Wichtig ist dabei vor allem, dass Sie nur Gewohnheiten kultivieren, wenn Sie das Einüben spezieller Fertigkeiten mit Hirntraining verwechseln.

In einigen Büchern und Trainingsprogrammen wird ein fundamentaler Irrtum vermittelt. Sie trainieren nicht ihr gesamtes Gehirn, also ihre komplette Hirnleistung oder gar Ihre Intelligenz, indem Sie eine bestimmte Fähigkeit dauerhaft betreiben. Wenn Sie beispielsweise ein Leben lang Kreuzworträtsel lösen, trainieren Sie Ihre Fähigkeit, Kreuzworträtsel zu lösen, und sonst gar nichts!

Dass dadurch auch in gewissem Maße Ihr Wortverständnis und Ihr Assoziationsvermögen trainiert werden, ebenso wie Ihr Schreibvermögen und vielleicht auch Ihre Augen, mag gut und nützlich sein. Aber Sie werden dadurch nicht insgesamt flexibler und Sie erhalten ihre bisherige Flexibilität dadurch auch nicht.

Wenn Sie Ihre allgemeine Intelligenz trainieren möchten (was durchaus möglich ist), dann sollten Sie dafür geeignete Methoden wählen. Dass schon die alten Griechen im Gymnasium (was wörtlich übersetzt übrigens »Sportplatz« heißt) Sport als Hauptfach hatten, weil sie herausgefunden hatten, dass Sport die *allgemeine* Intelligenz fördert, macht die Erkenntnis heute nicht unwichtiger.

Sarkastisch könnte man nun behaupten, dass Musik in dem Maße die allgemeine Intelligenz fördert, wie der Musikunterricht an unseren Schulen heutzutage ausfällt. Aber das ist nur die halbe Wahrheit. Auch wenn wir mit der Musik der heutigen Jugend vielleicht nichts anfangen können: Offenbar holt sich das Gehirn, was es braucht – auch das der Jugendlichen.

Dazu ist sicherlich manche Musik besser geeignet als andere, aber das betrifft nicht den Musikgeschmack oder den Musikstil, sondern eher den Komplexitätsgrad der gehörten Musik oder, noch besser ausgedrückt, den Komplexitätsgrad der dabei in Schwingung geratenen Gehirnteile des jeweiligen Konsumenten. Das kann natürlich nur der Zuhörer selbst beurteilen und nicht der missmutige Beobachter der Szene, der einen anderen Musikgeschmack hat.

Als Michael Jackson sich vor Jahren als Gast von Henning Scherf im Bremer Rathaus ins Goldene Buch der Stadt eintrug, waren einige Musiker in Bremen darüber empört. Sie echauffierten sich, dass ein Mensch, der keinerlei Ausbildung genossen habe und – ihrer Meinung nach – überhaupt nicht singen, geschweige denn Musik machen könne, so viel Geld verdiene, noch dazu mit dieser – in ihren Augen – schrecklichen Musik, von einem an sich doch respektablen Menschen wie dem Bürgermeister einer Stadt wie Bremen …

Auch hier tritt ein fundamentales Missverständnis zutage: Der Wirkung dessen, was Michael Jackson (ebenso wie viele andere, die weder Musik machen noch singen können, wie zum Beispiel Joe Cocker, John Lee Hooker, fast alle deutschen Schlagersänger, Dixieland-Musiker, Hip-Hop-Artisten, DJs, Pastoren und andere) tut, schadet dieses Urteil nicht. Die Wirkung ist einfach da und sie ist mehr oder weniger phänomenal und komplex. Sie ist sprachfrei, bei vielen Musikern (wir nennen sie mal nach wie vor so) offensichtlich zum ersten

Mal in der Weltgeschichte auch fast kulturfrei (von offiziellen Verboten staatlicher Zwangsverwalter des jeweiligen politisch korrekten Geschmacks einmal abgesehen).

Musik verbindet Menschen über alle Kultur- und Sprachgrenzen hinweg. Kaum einer hat bei so vielen unterschiedlichen Menschen in Peking wie in New York, in Shanghai wie in Kapstadt, in Deutschland wie in Russland, in Australien wie in Italien oder Südamerika jemals in der Geschichte der Menschheit so zahlreiche Emotionen ausgelöst wie Michael Jackson. Allein aufgrund dieser Tatsache sollte man das Werk dieses Mannes würdigen. Denn das ist sozusagen weltweites Hirntraining, weil der Konsum solcher Musik zwangsläufig beinhaltet, dass der Einzelne unzählige Eindrücke verarbeitet, Fremdes an sich heranlässt, der Wirkung nachspürt und damit automatisch das eigene Hirn trainiert.

Wie Gerald Hüther in seiner *Bedienungsanleitung für ein menschliches Gehirn* so schön schreibt, reicht es dazu eben nicht aus, einmal die Treppe mit verbundenen Augen herunterzugehen. Man könnte in Bezug auf das eben geschilderte Beispiel auch sagen: Es reicht eben nicht aus, immer nur Mozart zu hören oder nur Joe Cocker oder Schlager oder ...

Musik macht klug

Dank der Hirnforschung lassen sich inzwischen bloße Vermutungen durch wissenschaftliche Belege ersetzen. So kann man wunderbar am Beispiel eines Klavierspielers zeigen, wie immens fordernd die aktive Auseinandersetzung mit Musik ist. Mittlerweile ist die Wissenschaft sogar in der Lage, den Stromfluss in den verschiedenen Gehirnfeldern nachzuweisen.

Stromfluss steht dabei für die Informationsweitergabe, und das wiederum meint die Gehirnaktivität. Der Klavierspieler erbringt durch das Erkennen der Noten, das Umsetzen in feinmotorische Bewegungen und das Versehen mit einem persönlichen emotionalen Ausdruck eine Leistung, die sich im »Leuchten« des gesamten Gehirns abbildet. Alle Regionen sind bei dieser Tätigkeit nämlich gefragt und höchst aktiv.

Musik macht in der Tat schlau. Aktiv betrieben noch mehr als passiv gehört. Auch hier gilt es von der Mär Abschied zu nehmen, wonach Hans nur lernen kann, was Hänschen bereits zuvor begonnen hatte. Das ist blanker Unsinn!

Kaufen Sie sich noch heute die *Russische Musikschule* und fangen Sie so schnell wie möglich mit einem gebrauchten, günstigen Keyboard an, Noten zu entziffern und Ihre Finger über die entsprechenden Tasten gleiten zu lassen. Ihre mentale Fitness wird es Ihnen sehr danken. Von der Freude an der Musik einmal ganz abgesehen.

Gewohnheiten auf den Prüfstand

Wenn wir uns immer wieder freimachen sollen für Neues, dann müssen wir das Alte wenigstens ab und zu auf seinen Nutzen hin kontrollieren. In der Regel besteht das Alte vor allem aus lieb gewonnenen Gewohnheiten: Wahrnehmungsgewohnheiten und Handlungsgewohnheiten. Diese haben durchaus ihre Notwendigkeit und damit auch ihre Berechtigung, denn wir könnten ohne derartige Routinen kaum unser Leben meistern. Andererseits geht das Leben unter Umständen in den Routinen vollständig auf und existiert nur noch im Abspulen altbekannter Standards. So weit darf es eigentlich nicht kommen.

So weit kommt es aber leider viel zu häufig – und nicht nur bei den meisten Alten. Die Wahrnehmung ist unsere Brücke zur Welt. Je mehr Eindrücke wir zulassen, desto mehr Welt haben wir in unserem Leben. Eine Überflutung ist zwar kontraproduktiv, aber die eine oder andere Veränderung kann unser Leben sehr wohl bereichern.

Wechseln wir zum Beispiel doch einmal die Tageszeitung. Ähnlich wie bei Bankverbindungen sind wir äußerst konservativ, was die Flexibilisierung unseres Medienkonsums – zumal von Zeitungen und Zeitschriften – angeht. Wir suchen unsere Zeitung meist danach aus, ob wir unser erlerntes Weltbild dort bestätigt finden. Aber wäre es nicht sinnvoller, unser Weltbild ab und zu einmal auf seinen Renovierungsbedarf hin zu überprüfen? Lesen wir doch ruhig einmal die *FAZ* statt der *Frankfurter Rundschau* oder die *TAZ* statt der *WELT*. Wir müssen uns an ein anderes Layout gewöhnen, die Geschehnisse der Welt werden nicht nur anders gedeutet und beschrieben, sie werden auch anders sortiert und gewichtet.

Die Auseinandersetzung mit diesen Veränderungen hält unser Gehirn in Bewegung und bringt uns dazu, die eine oder andere Denkgewohnheit kritisch zu überprüfen. Einen ähnlichen Effekt hat der Blick in andere Zeitschriftenwelten. Lassen Sie in einem Bahnhofskiosk doch mal bewusst den Blick über die angebotenen Titel schweifen: Modellbau, Tattoos, Hofberichterstattung, Computerspiele, Mode, Finanzmärkte: Da ergeben sich riesige Möglichkeitsfelder.

Nicht, dass Sie nun gleich all Ihre Interessenschwerpunkte über Bord werfen sollten. Es geht auch hier vielmehr darum, den Fokus ab und an zu weiten und sich die Beschränkungen, die man sich freiwillig auferlegt hat (beispielsweise, weil man immer nur die *Gala* oder den *Kicke*r am Kiosk kauft), bewusst zu hinterfragen.

Reisen bildet

Hier gleich noch ein Beispiel in Sachen Handlungsroutine: Zu wissen, dass Reisen bildet, führt noch lange nicht dazu, dass wir es auch tun. Leider.

Als Nation mit – im internationalen Vergleich – erfreulich vielen Urlaubs- und Feiertagen haben wir auch den Ruf des Reiseweltmeisters zu verteidigen. Aber oft genug geht es uns gar nicht um Bildungsreisen, sondern um das Antreffen des Bekannten, Gewohnten, Vertrauten. Wenn wir also wieder mal in unser zweites Nachhause (sprich: unseren Stammurlaubsort) reisen, bringen wir uns in erster Linie um die eigentliche Reiseerfahrung: die Bekanntschaft mit dem Neuen.

Egal ob El Arenal, Davos oder Sylt: Viele Menschen fahren an solche Orte, um sich von den Unwegsamkeiten des wirklichen Reisens fernzuhalten. Schließlich ist es dort wie zu Hause, nur mit mehr Wärme, Sonne und Meerblick. Schade eigentlich!

Produktiver in unserem Sinne wäre es, die Ferienchance zu nutzen, um Neues zu entdecken. Und nur um eines vorweg klarzustellen:

Dies ist nicht im Geringsten eine Frage des Geldes. Es gibt genug Menschen, die um die halbe Welt gejettet sind, aber weder die sächsische Schweiz noch das Allgäu auf einer Deutschlandkarte orten könnten. Dabei liegt das Abenteuer wirklich um die Ecke – ein anderer Dialekt, eine andere Landschaft, andere Bräuche, andere Speisen. Alles Chancen, um unsere Wahrnehmungsschleusen aktiv zu halten, Eindrücke zu gewinnen und bereichert nach Hause zurückzukehren. Fahren Sie nicht zum zehnten Mal an den Wolfgangsee, sondern irgendwohin, wo Sie noch nie waren. Auch das ist gelebte Arbeit an Ihrer mentalen Fitness. Wir wünschen schon mal gute Reise!

Die soziale Kompetenz unserer Spiegelneuronen

Gut trainierte Spiegelneuronen verhelfen auch im Alter zu hoher sozialer Kompetenz. Nur was um Himmels willen soll das genau heißen?

Die Fähigkeit, sich in andere Personen hineinzuversetzen und andere Perspektiven als die eigene experimentell einzunehmen, ist weder angeboren noch dem Zufall geschuldet. Sie ist durchaus lern- und trainierbar. Jedenfalls bei den meisten Menschen, die in der Regel während der Entwicklungsphasen im Kindes- und Jugendalter entsprechende Lernmöglichkeiten hatten, um gewisse Grundfähigkeiten zu entfalten.

Damit aus diesen Fähigkeiten auch tatsächlich Fertigkeiten werden, bedarf es geeigneter Trainingsmethoden. Selbst wenn man dann mehrere Jahre aus der Übung ist, können diese Fertigkeiten oft auch sehr viel später durch gezieltes Training reaktiviert werden – allerdings nur dann. Hat man es dagegen verpasst, sich die grundlegenden Fähigkeiten anzueignen, dann geht mit zunehmendem Alter auch das nur noch sehr mühselig oder gar nicht. Zum Glück sind davon jedoch nur die wenigsten Menschen betroffen – als Ausrede taugt dieses Argument daher leider nicht!

Die Spiegelneuronen und mit Ihnen in Verbindung stehende neuronale Netzwerke verhelfen uns dazu, uns in neuen sozialen Situationen zurechtzufinden und angemessen reagieren zu können. Sie verändern unsere emotionale Welt, machen das Mitfühlen mit anderen überhaupt erst möglich, sind verantwortlich dafür, dass wir intuitiv denken und daher im wahrsten Sinne (manchmal erfolgreich, manchmal weniger) in die Zukunft blicken können – auch wenn es sich dabei oft nur um Bruchteile von Sekunden handelt und die Lottozahlen nicht eingeschlossen sind. Deshalb wissen oder ahnen wir beispielsweise oft auch, dass jemand, der nicht blinkt, trotzdem gleich rechts abbiegen wird.

Tut uns leid, liebe Frauen: Intuition ist damit keine typisch weibliche Eigenschaft, sondern lediglich eine Frage der Übung! Die neuronalen Netzwerke lassen sich gezielt trainieren und dadurch bis ins hohe Alter erhalten. Niemand von uns ist alleine durch sein Altwerden dazu gezwungen, soziale Kontakte, emotionale Erlebnisse oder Entwicklungen und soziale Auseinandersetzungen aufzugeben und langsam fortschreitend geistig und/oder sozial zu verarmen.

Professor Joachim Bauer, der die Spiegelneuronen erforscht hat und dem wir das Buch *Warum ich fühle, was Du fühlst* zu verdanken haben, sagte auf einer Veranstaltung im Februar 2006 zum Thema »Freundschaft im Management« – selbst völlig begeistert über die sich rasant entwickelnde Hirnforschung – einen, wie wir finden, denkwürdigen Satz: »Es ist gar keine Esoterik. Wir haben es bereits bewiesen.«

Die Konsequenzen dieser Einsicht werden einigen Menschen womöglich die lieb gewonnene geheimnisvolle Aura des Esoterischen rauben. Sie werden sich etwas anderes suchen müssen, um ihren Hunger nach Mysteriösem oder Mystischem zwischen Himmel und Erde zu stillen. Das Entscheidende für unser Thema ist jedoch auch hier wieder die Erkenntnis: Ja, es geht, ja, es ist trainingsabhängig, ja, es hat eine physikalisch-körperliche Grundlage, und ja, jeder, der nicht massiv körperlich beeinträchtigt ist, kann das. Auch hier gilt wieder: keine Ausrede mehr, runter vom Sofa und endlich rein in die Welt! Der Mensch ist nun mal ein Sozialwesen.

Wir können also guten Gewissens festhalten: Neue Eindrücke und Erkenntnisse sind der eigentliche Jungbrunnen, der uns fit und gesund erhält. Neugier ist der Motor, der uns in diese Situationen treibt, an denen wir wachsen und unsere geistige Fitness erhalten. Bleibt also nur noch die Frage: Wie erhalten wir uns die Neugier bis ins hohe Alter?

Die Antwort mag ein wenig banal klingen, trotzdem lassen Sie uns einen Versuch wagen: Ganz einfach, indem wir sie zulassen! Indem wir uns zum Beispiel nicht durch Hunderte von Tabus, die wir aus Gewohnheit ungeprüft von unseren Altvorderen übernehmen, leiten lassen, sondern einzig und allein durch unsere Neugier.

Dabei geht es auch anders. Warum lernen wir nicht mit 70 eine neue Sprache? Ein Schulleiter aus unseren Jugendjahren verabschiedet sich jüngst mit 65 Jahren in den Ruhestand. Sein erstes Projekt: Arabisch lernen. Und dies nach einem lehr- und lernreichen Arbeitsleben, das andere Menschen leicht zu dem Schluss kommen lassen könnte: Nun reicht es aber!

Warum lernen wir auf Veranstaltungen (wenn wir überhaupt noch hingehen) keine interessanten Menschen mehr kennen? Weil wir annehmen, mit alten Schachteln wie uns wollten die Jungen nichts zu tun haben? Oder weil wir glauben, dass wir mit solchen Alten nicht zusammen sein wollen. Oder gar weil wir der Ansicht sind, es gehöre sich nicht, wenn wir

Alten gemeinsam mit den Jungen etwas unternehmen?

Warum haben wir mit 65 keinen Sex mehr? Weil sich das für alte Menschen nicht gehört? Sex macht nicht nur Spaß – übrigens auch Frauen. Sex ist auch eine hervorragende neurobe Tätigkeit, eine der wirkungsvollsten überhaupt. Mit dieser Art von Gehirntraining lassen sich nämlich nicht nur bestimmte Fähigkeiten (etwa das Lösen von Kreuzworträtseln), sondern die allgemeine Leistung des Gehirns steigern. Wieso um Himmels willen schonen wir uns dann ständig, obwohl wir wissen, dass wir unserem Gehirn nichts Schlimmeres antun können?

»Machen wir doch gar nicht«, werden Sie jetzt hoffentlich ungeduldig einwerfen.

Na prima!

Krempeln Sie die Ärmel hoch und los geht's … Und falls es nicht gleich funktionieren sollte, dann fangen Sie eben klein an:

Nehmen Sie sich selbst ernst und werden Sie sich Ihrer ureigensten Interessen bewusst, auch wenn diese anderen nicht gefallen mögen.

Entwerfen Sie Strategien, wie Sie Ihre Interessen am besten, am schnellsten und am sichersten befriedigen können.

Setzen Sie all jene Ideen und Pläne sofort um, die auch nur annähernd realistisch erscheinen, und vertreten Sie Ihre eigenen Überzeugungen und Werte.

Sie werden feststellen, wie rasch und nachhaltig sich Ihre Welt verändert. Wie schnell Sie wieder attraktivere Dinge wahrnehmen als die durch unsere Medien fast ausschließlich transportierten Untergangsszenarien. Außerdem werden Sie staunen, wie sich die Menschen Ihnen allmählich wieder persönlich zuwenden, weil Sie viel verträglicher und interessanter für andere werden. Dadurch lernen auch Sie spannende Menschen kennen und Ihre Welt wird wieder bunter und lebenswerter. Sie brauchen diesen Engelskreis nur zu betreten, der Rest ergibt sich durch die entstehende Eigendynamik von alleine. Und der Teufel bleibt ein für alle Mal auf seinen Tickets für sein Teufelskarussell sitzen!

Ideen sind mehr als nur Strohfeuer

Ach ja, eines haben wir noch vergessen: Natürlich muss so ein Feuer ab und zu wieder angefacht und mit neuer Nahrung versorgt werden. Schließlich hält nichts ewig, zumindest nicht ohne beständigen Aufwand. Das hatten Sie insgeheim schon geahnt oder befürchtet, nicht wahr?

Aber es ist auch wieder einfacher, als man vielleicht auf den ersten Blick denkt. Wozu entwickeln wir denn soziale Netzwerke? Wir können unsere Freunde und Bekannten als kollegiale Coaches und Helfer nutzen, damit sie uns dazu bringen, uns selbst nicht zu vernachlässigen, und uns immer dann einen Anstoß geben, wenn unser innerer Schweinehund zu groß und fett geworden ist. Wir nutzen sie, um uns vom Sofa direkt zurück ins Leben schubsen zu lassen. Am besten machen wir das gegenseitig, dann hat nämlich jeder etwas davon.

Wenn wir merken, dass die Menschen in unserem Umfeld nicht dauerhaft zu solch kollegialer Hilfe fähig sind, dann müssen wir uns eben anderen Menschen zuwenden. Immerhin bestehen Freundschaften langfristig aus Geben und Nehmen, aus Austausch und gegenseitig gefühlter Zuneigung, die in einer völlig subjektiven Art und Weise in der Balance gehalten werden. Wenn wir merken, dass dieses Gleichgewicht gestört ist, dann ist es Zeit, diese Freundschaft genau unter die Lupe zu nehmen. Dazu müssen wir vor allem uns selbst gegenüber absolut ehrlich sein. Oder wollen Sie vielleicht einem Freund zuliebe, von dem Sie permanent enttäuscht werden, für den Rest Ihres Lebens auf wesentliche Bedürfnisse verzichten?

Bitte gerne, aber dann schenken Sie dieses Buch jemandem, der mehr damit anfangen kann, und quälen Sie sich nicht weiter damit herum.

4.
Bewegung

Ein Blick zurück

Dass fast jeder Fortschritt auch seine negativen Begleiterscheinungen hat, ist mittlerweile allgemein bekannt. Die Technisierung unseres Lebens hat vieles vereinfacht und dafür sind wir zu Recht dankbar. Sie hat uns aber auch um unser artgerechtes Maß an ausreichender täglicher Bewegung gebracht. Ob wir nun an unsere Urahnen denken, die als Savannenläufer der Natur das Überlebensnotwendige abzutrotzen versuchten, oder an unsere Groß- und Urgroßeltern, die sich erheblich mehr bewegen mussten als wir. Noch vor gut 50 Jahren lief der Deutsche im Durchschnitt etwa 20 Kilometer pro Tag. Zur Schule, zur Arbeit, zum Einkaufen, zum Besuch: alles zu Fuß. Da kommt schon einiges zusammen.

Abgesehen von Kriegen ließen vor allem schwere Infektionskrankheiten die Menschen damals – trotz der ausreichenden Bewegung – jünger sterben als heutzutage. Die hygienischen und medizinischen Bedingungen waren seinerzeit eben noch nicht mit den heutigen vergleichbar. Dafür waren das Herz-Kreislauf-System und der Stoffwechsel unserer Altvorderen im Durchschnitt erheblich besser trainiert als bei uns. Schließlich blieb den Menschen damals nichts anderes übrig, als sich zu bewegen. Es gab kaum Alternativen, um die Arbeit und die Besorgungen des Alltags zu erledigen – ganz so, wie die Natur es eigentlich für uns vorgesehen hat. Die Anpassung an die geänderten Lebensumstände schafft auch die Evolution nicht in zwei oder drei Generationen. Deshalb koppelt unser technisches Innovationstempo uns von unseren biologischen Grundprägungen ab.

Demnach haben wir heutzutage also – laut statistischem Mittel – einen erheblichen Bewegungsmangel. Die Folge davon sind unter anderem jährlich rund 250 000 Herzinfarkte und rund 150 000 Schlaganfälle. Natürlich kann dergleichen auch gesunden Menschen passieren, die sich ihr Leben lang ausreichend bewegen, aber das Verhältnis Ursache zu Wirkung von mangelnder Bewegung und den genannten Krankheiten ist medizinisch unstrittig. Hinzu kommt, dass 54,5 Prozent der weiblichen und 66,5 Prozent der männlichen deutschen Bevölkerung übergewichtig sind. Rund 55 Prozent der Deutschen leiden unter Stoffwechselkrankheiten wie beispielsweise Diabetes Typ 2. Die Dunkelziffer dürfte allerdings erheblich höher liegen.

Das Motto lautet also: mehr Bewegung! Im Durchschnitt bewirkt ausreichende Bewegung nicht nur eine deutliche Gewichtsabnahme und einen niedrigeren Blutdruck, sondern damit einhergehend auch einen spürbaren Rückgang beim Medikamentengebrauch. Ein insgesamt besseres Wohlbefinden und eine größere Lebensfreude kommen als Begleiterscheinung erleichternd hinzu.

Ein Blick in die Zukunft

Es scheint bei aller Aufgeklärtheit nicht besser zu werden. Zum einen nimmt der Anteil der Übergewichtigen bei Kindern und Jugendlichen kontinuierlich zu, zum anderen machte in einem sozial unproblematischen Stadtteil Hamburgs eine Grundschule kürzlich gegen den dauernden Fahrservice der (unnötig) besorgten Eltern für ihre Kinder mobil. »Schenk mir 100 Meter Schulweg«, hieß die Aktion. Gerade Schulkinder brauchen ausreichend Bewegung, doch die Turnstunden werden immer weniger. Umso wichtiger ist daher das Bewegungsangebot vor und nach der Schule.

Die Folgen dieser überspannten Behütungsmentalität (gerade bei wohlhabenden Familien) zeigen sich auch im Sportunterricht. Die Kinder haben nicht selten erhebliche Defizite in ihrer Beweglichkeit, so können die meisten kaum rückwärtsgehen oder auf einem Strich balancieren. Ärzte berichten immer häufiger von Gesichtsverletzungen bei Stürzen, weil Kinder sich die Hände nicht mehr reflexgesteuert schützend vors Gesicht halten. Mangelndes Zutrauen in die eigenen körperlichen Fertigkeiten und unterentwickeltes Selbstvertrauen kommen hinzu.

Deshalb: Wehret den Anfängen! Lassen wir doch wenigstens den Kindern die Bewegung, die sie brauchen.

Bewegung in den Alltag

Unsere technikgestützte Mobilität ist eine Errungenschaft, die wir nicht mehr missen möchten. Dennoch sollten wir uns von Zeit zu Zeit oder noch besser regelmäßig bemühen, ihr ein Schnippchen zu schlagen. Die Detektivaufgabe heißt: Wie können wir mehr Bewegung in unseren Alltag bringen, ohne gleich eine Revolution in unserem Umfeld auszulösen?

Würden wir wieder die zehn Kilometer zur Arbeit laufen, anstatt das Auto oder den öffentlichen Nahverkehr zu nutzen, so müssten wir vier Stunden Zeit pro Tag dafür einplanen. Das ist jedoch eindeutig zu viel. Allerdings könnten wir zum Beispiel den weiter entfernt liegenden Firmenparkplatz wählen, mittags auf dem Weg zur Kantine die Treppe statt des Aufzugs benutzen und nach dem Essen ein paar Schritte gehen, statt nur Kaffee zu trinken. Wir könnten eine Station früher aus dem Bus steigen und so wenigstens zehn Minuten des Nachhausewegs zu Fuß zurücklegen.

Auch der eine oder andere Einkauf ließe sich per Fahrrad oder zu Fuß mindestens genauso gut erledigen wie mit dem Auto. Allein weil dann die lästige Suche nach einem Parkplatz entfiele. Es liegt an unseren Lebensumständen, was wir davon ohne großen Aufwand in unseren Alltag integrieren können. Natürlich liegt es auch maßgeblich an uns, in bester Trüffelschweinmanier herauszufinden, was möglich ist – und es dann in konkrete Verhaltensänderungen umzumünzen.

Freizeit

Die Arbeitsbelastung vieler Berufsgruppen hat in den vergangenen Jahren beständig zugenommen. Dennoch verfügen wir – im Vergleich zu der letzten oder vorletzten Arbeitnehmergeneration – über erheblich mehr Freizeit. Auch die ließe sich mit mehr Bewegung füllen, ohne gleich die Hürde zur intensiven sportlichen Betätigung überschreiten zu müssen. Entscheidend ist, dass die Art der Bewegung zu einem passt, und das heißt in erster Linie, dass sie Freude macht.

Wir brauchen uns nur in unserem Umfeld umzusehen: Hundebesitzer gehören zu den gesünderen Menschen. Sie müssen regelmäßig vor die Tür, weil Fiffi, Waldi oder Hasso mehrmals täglich raus müssen. Die Hundefreunde haben keine Chance auf Verschieben oder Vergessen, und Tag für Tag ausreichend Bewegung ist Frauchen und Herrchen sicher. Und zwar bei Wind und Wetter. Die Verantwortung für das Tier hilft, die eigene Bequemlichkeit zu überwinden. Neben anderen positiven Effekten sinkt bei Hundebesitzern außerdem die Infektionsrate. Der tägliche Spaziergang an der frischen Luft härtet ab – vorausgesetzt man bittet nicht jemand anderen, den Hund auszuführen. Wer jedoch nicht täglich die nötige Zeit aufbringen kann (weil man zum Beispiel beruflich oft unterwegs ist) oder Hunde eigentlich gar nicht mag, für den ist diese Methode nicht der Königsweg zu mehr Bewegung.

Dann müssen Alternativen her, ein Wanderurlaub zum Beispiel. Das ist mit Sicherheit eine ausgesprochen gesunde Urlaubsform, allerdings lässt sich damit nicht das Bewegungsdefizit eines ganzen Jahres kompensieren. Auch der wöchentliche Kegelabend bringt uns bewegungstechnisch nicht wirklich weiter. Anders sähe es aus, wenn wir die Haushaltshilfe – vorausgesetzt wir haben eine – einsparen und die körperlich intensive Hausarbeit selbst erledigen würden. Natürlich reicht dies allein nicht aus, doch ist es zumindest ein möglicher Weg, ohne allzu große Umstände wieder mehr Bewegung in den Alltag zu integrieren.

Wer einen Schrebergarten oder gar einen großen Garten hat, der hat zumindest von Frühling bis Herbst tagtäglich einen Anlass, im Freien tätig zu werden und so wertvolle Punkte für sein persönliches Bewegungskonto zu sammeln. Es muss ja nicht gleich Vita Sackville-Wests Sissinghurst sein, der berühmteste Privatgarten von Großbritannien. Aber zu der Freude, das Ergebnis der eigenen Arbeit täglich wachsen, blühen, ranken oder Struktur gewinnen zu sehen, kommt ein erklecklich Maß an muskelaufbauender Bewegung. Für all jene, denen diese Vorschläge nicht taugen, bleibt nur eines:

Sport

Natürlich ist Sport nur ein Ersatz, ein So-tun-als-ob. Aber wir müssen nun mal keine Elefanten mehr jagen oder Milchkannen vom eigenen Einödhof zur elf Kilometer entfernten Milchsammelstation (wahrscheinlich hieß sie damals anders) bringen. Dieser Ersatzcharakter spricht jedoch nicht grundsätzlich gegen sportliche Betätigung, denn es handelt sich dabei um ein Spiel. Und nicht nur Friedrich Schiller meint, dass der Mensch erst spielend ganz zum Menschen wird.

Das Einzige, was gegen die sportliche Betätigung sprechen könnte, sind körperliche Handicaps (so eignen sich Kleinwüchsige nicht wirklich zum Basketballspiel) oder mangelnde Freude an der jeweiligen Sportart. Hier gilt aber das Gleiche wie beim Essen: erst kosten, dann urteilen.

Die Trägheit meldet sich ohnehin früh genug mit plausibel erscheinenden Gegenargumenten, doch unnötig leicht muss man es ihr deshalb noch lange nicht machen. Zu diesen Argumenten zählen die Ausreden »keine Zeit« oder »zu viel Arbeit« (das zweite klingt natürlich dynamischer), aber auch Schmerzen, mangelnde Lust, Angst vor Verletzung oder Schmerzen.

Und bei Ihnen? Wenn Sie bislang nur den Fernseher als Berührungspunkt zum Sport hatten oder sich an den Enthusiasmus, der Sie vor Jahrzehnten erfasste, kaum noch erinnern können, sollten Sie erst einmal Bilanz ziehen. Wann verbinden Sie etwas Positives mit dem Thema Sport? Wenn Sie an Fitness denken? Wenn Sie an Wettkampf denken? Wenn Sie an Mannschaftsspiele und das Miteinander denken? Oder wenn Sie an Entspannung denken?

Derartige strategische Vorüberlegungen schützen vor vermeidbaren Frusterlebnissen und erhöhen die Chancen auf einen Erfolg bei der Umsetzung, dem tatsächlichen Sporttreiben. Bei den 75 Prozent aller Deutschen, die nicht regelmäßig Sport treiben, sind bestimmt viele dabei, die schlicht das Falsche ausprobiert hatten und aus Frust keinen zweiten Anlauf mehr wagten.

Wer nun bei Sport zuerst an Fitness denkt, sucht offensichtlich den Vergleich mit anderen und will seinen Fortschritt messen können. Hier kann das Fitnessstudio auf unterschiedliche Weise der richtige Ort sein. Aber auch beim Joggen, Rudern, Schwimmen oder Radfahren gegen die Uhr lässt sich der Leistungszuwachs leicht ermitteln. Die Gefahr besteht hier allerdings darin, dass die Zeiten irgendwann nicht mehr zu unterbieten sind. Dies sollte sich jeder Anhänger des Höher-Schneller-Weiter von Anfang an klarmachen. Wie gesagt: Jeder Sport ist zunächst besser, als gar nichts zu tun, aber eine frühe Entscheidung zu Gunsten einer Ausdauersportart muss später nicht korrigiert werden.

Auch beim Wettkampfinteressierten steht das Messen, der Vergleich weit oben auf der Liste der Argumente – glauben wir jedenfalls. Für diesen Personenkreis bieten sich neben den oben genannten Sportarten Leichtathletik, Marathon, Tennis und Fußball an, die alle bundesweit in zahlreichen Vereinen oder selbst organisierten Gruppen ausgeübt werden können – selbstverständlich auch auf Wettkampfbasis.

Da man stets Aspekte wie Herz- und Gelenkbelastung, Muskelaufbau und Ausdauer auf die individuelle körperliche Verfassung abstimmen muss, bietet sich die Konsultation eines Sportarztes in allen Fällen an. Denn falscher Ehrgeiz kann schnell mehr schaden als nutzen!

Auch das Golfspiel ist an dieser Stelle zu nennen. Zwar bleibt die bewegungstechnische

Herausforderung bei diesem Sport im Verhältnis eher gering – wenn man nicht mindestens zweimal pro Woche seine neun oder 18 Löcher geht, aber gerade Menschen höheren Alters gehen bei der Ausübung praktisch kein Risiko ein.

Wer bei seinen möglichen sportlichen Aktivitäten an Mannschaftsspiele und das Miteinander denkt, erhöht die Wahrscheinlichkeit, dass er tatsächlich aktiv wird. Schließlich ist es nicht nur unangenehm, seine Mannschaft im Stich zu lassen, sondern auch beim nächsten Mal dafür Rede und Antwort stehen zu müssen. Schwänzt man beim Joggen, so muss man die Sache lediglich mit sich allein ausmachen und das ist natürlich erheblich leichter. Außerdem trifft man beim Mannschaftssport fast immer Gleichgesinnte, die man gerne wieder sieht, also geht man auch häufiger und damit regelmäßiger hin. Hier spielt demnach nicht nur der Sport allein eine Rolle, sondern auch die Menschen. Gefährlich ist hier lediglich der weit verbreitete Hang zur »dritten Halbzeit«. Ein, zwei Bierchen nach Training oder Spiel schaden aber bestimmt nichts, solange die dritte nicht zur wichtigsten Halbzeit wird.

Entspannung und Sport sind übrigens kein Gegensatz. Meist ist weniger aufgeregtes Sporttreiben gesünder als der Versuch, den Leistungsanspruch aus dem Arbeitsalltag auch noch in die Freizeit zu übertragen. Wer sich eher entspannt bewegen will, für den bieten Schwimmen, Nordic Walking oder leichtes Joggen die besten Realisierungsmöglichkeiten. Oder wie wäre es mit Nordic Skating? Ganz egal, Hauptsache, man ist mit Begeisterung bei der Sache! Denn nur der Spaß ermöglicht das Durchhalten, die wichtige Kontinuität.

Alles in allem lässt sich in Bezug auf das Thema Ausdauer festhalten, was Daniela Ott und Frank Beckenbach in ihrem Buch *Fit, aber richtig! Fitness im besten Alter* schreiben: »Bei Trainierten kann man von einem Leistungsabfall von circa fünf Prozent pro zehn Jahre nach dem 20. Lebensjahr ausgehen. Bei Untrainierten erreichen die Einbußen neun bis zehn Prozent.«

Das spricht eindeutig für die konsequente Ausübung von Ausdauersportarten. Denn offensichtlich hat der Verlust der Körperkraft im Alter nur wenig mit dem Alter selbst zu tun, viel wichtiger ist die zu geringe Beanspruchung in Alltag und Training. Auch hier gilt daher: Wer rastet, der rostet. Der regelmäßige Besuch eines Sportstudios kann helfen, doch das Bewusstsein für die eigene Entwicklung und der Wille, Abhilfe im Alltag zu schaffen, sind wohl genauso viel wert.

Ein ehemaliger Nachbar von einem von uns nahm noch mit 86 Jahren wie jedes Jahr am Bremer Volkslauf teil. Noch mit weit über 70 lief er als einer der ersten zehn ins Ziel ein, zum Schluss wurde er Letzter, aber dies genauso entspannt, gelöst und glücklich wie in den Jahren zuvor. An diesem Beispiel wird auch der mentale Vorteil einer kontinuierlichen sportlichen Betätigung deutlich. Wunderbar!

Sogar unserem Denken tut die Bewegung ausgesprochen gut, denn die Neuronen werden zu stärkerer Vernetzung angeregt. Das wiederum führt zu einer besseren Denk- und Gedächtnisleistung und erhöht die Zusammenarbeit zwischen der rechten (emotionalen) und der linken (rationalen) Gehirnhälfte.

Neben der Beweglichkeit gehören zu unseren motorischen Fähigkeiten Schnelligkeit, Kraft, Ausdauer und Koordination. Einzig bei der Schnelligkeit (etwa bei Kurzstreckenläufen über 50 oder 100 Meter) ist ein deutlicher Leistungsabfall auch durch viel Bewegung nicht zu verhindern. Bei allen anderen Aspekten haben wir es zu einem Gutteil selbst in der Hand, wie viele Jahrzehnte wir 40 bleiben möchten. Natürlich lässt sich das Stundenglas des Lebens nicht umkehren: Die Sandkörner laufen unwiderruflich durch. Aber die Geschwindigkeit können wir sehr wohl erheblich beeinflussen – und damit die Zahl unserer Handlungsoptionen größer halten, als sie es bei eingeschränkter Motorik wären. Aktive Bewegung trägt einen maßgeblichen Teil dazu bei.

Wie lange wollen Sie noch warten?

5.
Ernährung

Ernährung ist ein schwieriges Thema. Hier in Europa haben wir von allem mehr, als wir zum Leben brauchen, und gerade von dem zu viel, was dick und/oder krank macht: Kohlehydrate, Fett, Stärke. Heutzutage essen wir mehrmals am Tag, was unsere Vorfahren höchstens einmal im Monat als Festmahl zu sich genommen haben. Unsere Lebenserwartung steigt zwar dank moderner Medizin, Pharmaindustrie, einer qualitativ besseren Ernährung und verbesserten Lebensbedingungen gepaart mit immer seltener werdenden akuten Lebensgefährdungen kontinuierlich rapide an. Trotzdem isst sich der moderne und zivilisierte Mensch in steigendem Maße krank und im Extremfall sogar zu Tode.

Wie hoch wäre wohl unsere Lebenserwartung, wenn wir uns alle gesund ernähren würden? Kaum auszudenken, denn dann müsste das Rentenalter vermutlich auf mindestens 85 Jahre oder mehr angehoben werden. Und zwar bald!

Die so genannten Zivilisationskrankheiten sind auf dem Vormarsch. Teils im Verborgenen, weil wir sie verdrängen, teils in aller Öffentlichkeit, weil wir gelernt haben, einfach wegzusehen.

Die Statistiken zu Diabetes, Übergewicht, Bluthochdruck und Co. lesen sich mittlerweile wie ein Horrorszenario à la Alfred Hitchcock. Die Allgemeinheit hat es zwar längst mitbekommen, der einzelne Mensch stellt sich in der Regel jedoch taub, stumm und blind. Er tut geradezu, als wäre er nicht einmal in der Lage, seine eigenen elementaren Interessen zu verfolgen oder auch nur ernst zu nehmen.

Wie sonst soll man erklären, dass so viele Menschen sehenden Auges in ihr eigenes, selbst verschuldetes Verderben rennen? Viele Mechanismen, die bei uns heute immer noch zuverlässig funktionieren, stammen aus grauer Vorzeit und haben sich nun mal nicht so schnell verändert wie beispielsweise unsere Versorgungslage. Wir haben noch nicht gelernt, uns anzupassen. Wir schlendern umgeben von Unmengen an Lebensmitteln wie im Schlaraffenland durchs Leben, ohne noch um dasselbe laufen zu müssen.

Gefangen in einem Ernährungsmuster, das ursprünglich zur Bewältigung von akuten kriegerischen Auseinandersetzungen oder einer längeren Hungerperiode – etwa bedingt durch Naturkatastrophen – taugen sollte, spazieren wir durch unser von körperlicher Minimalbeanspruchung geprägtes Leben.

In diesem Kapitel wollen wir Sie dazu bewegen, anders zu essen. Und zwar das Richtige und nicht unbedingt weniger, denn schlank zu sein wie eine Gazelle ist nicht das vorderste Ziel. Es lautet vielmehr, gesund zu sein. Natürlich sollten Sie abnehmen, falls Sie zu dick sind, unbedingt sogar, aber nicht nur. Sie wissen ja: Jeder erste Schritt ist ein Schritt in die richtige Richtung. Davon abgesehen: Welcher dicke Mensch lässt sich schon zum Joggen motivieren, wenn ein durchtrainierter schlanker Sportler vor ihm herläuft und alle anderen herablassend lächeln?

Durch die richtige Auswahl der Lebensmittel lässt sich durchaus sehr viel erreichen: mehr

Lebensqualität, mehr Lebensquantität und nicht zuletzt mehr Lebensfreude.

Die Alternative: Langsam (verteilt über viele Jahre), aber sicher versagt ihr gesamter Bewegungsapparat, Sie entwickeln Volkskrankheiten wie Arteriosklerose oder Stoffwechselkrankheiten, Ihr Immunsystem macht allmählich schlapp, Sie bekommen häufiger Allergien und Ihre Adern werden immer enger. Irgendwann helfen dann auch keine Tabletten mehr und Ihre Lebensqualität sinkt und sinkt und sinkt.

Einer von uns beiden hat selbst etwa 70 Kilogramm Übergewicht – so viel wiegt manch ein anderer nicht einmal –, aber er wird das in den Griff bekommen. Bei seinem ersten Scheinerfolg vor fünf Jahren – damals nahm er 52 Kilo in einem halben Jahr ab – war er erst auf sein ungeduldiges Naturell und später auf seinen inneren Schweinehund hereingefallen. Er hat Diabetes und weiß deshalb, wovon er schreibt, seine Blutwerte hat er im Großen und Ganzen unter Kontrolle und er bewegt sich regelmäßig. Dabei muss man übrigens weder ein Gesundheitsapostel werden noch genussfeindlich – ganz im Gegenteil.

Wie viele Tierkrankheiten mit Seuchencharakter, Fleischskandale, Chemieskandale und andere Katastrophen brauchen Sie noch, um Ihren Kurs zu ändern? Was muss noch alles passieren, bis Sie zu Ihren eigenen Gunsten und auf einer souveränen Wissensbasis nur das zu sich nehmen, was Sie bewusst und mit Genuss verantworten können? Wie lange wollen Sie noch die Wartung und Pflege Ihres Autos ernster nehmen als die Ihres eigenen Lebens?

Nach unseren Recherchen kann man sich auf die Empfehlungen der Deutschen Gesellschaft für Ernährung ganz gut verlassen. Auch wenn öfter mal etwas Neues verkündet wird und es immer Einzelne gibt, die alles besser zu wissen glauben, verrückt machen lassen darf man sich davon nicht. Denn nur weil etwas wissenschaftlich erkundet ist, ist es nicht automatisch falsch und des Teufels, wie so manche immer wieder meinen. Unsere Empfehlungen beruhen auf dem aktuellen Stand der Erkenntnisse, und wenn Sie sie einhalten, dann ernähren Sie sich auf jeden Fall besser als vorher, so viel steht fest.

Hier folgt nun der »ultimative Schnellkurs« in Sachen richtiges Essverhalten, denn er soll Sie wie alle anderen Kapitel in diesem Buch dazu anregen, das Heft selbst in die Hand zu nehmen, sich tiefer mit der Materie zu befassen und sich auf Ihre eigene Heldenreise zu begeben. In diesem Fall in das Land der kulinarischen Abenteuer, die nicht nur spannend und appetitlich, sondern auch noch gesund sind.

Auch hier bleiben wir dem Prinzip unseres Buches treu, Sie lediglich mit einem Steinbruch an Ideen zu versorgen, auch wenn wir beide leidenschaftliche Hobbyköche sind und jede Menge Rezepte auf Lager haben. Egal, wir geben den Anstoß, den Rest erledigen Sie, denn Sie sind auch in diesem Fall Ihr bester Berater.

Wenn Sie die folgenden Empfehlungen beherzigen und umsetzen, wird es Ihnen über kurz oder lang gesundheitlich deutlich besser gehen. Fall Sie nicht ohnehin längst auf der richtigen Seite stehen.

20 Empfehlungen für eine gesunde Ernährung

1. Essen Sie regelmäßig!
2. Nehmen Sie immer nur kleine Portionen zu sich!

3. Gestalten Sie Ihren Speiseplan möglichst abwechslungsreich! Nur so optimieren Sie Ihre Vitaminzufuhr!
4. Konsumieren Sie möglichst unverarbeitete, frische Nahrungsmittel!
5. Essen Sie weniger Fett!
6. Essen Sie das richtige Fett (Oliven-, Lein- und Fischöl mit mehrfach ungesättigten Fettsäuren, Omega-3-Fettsäuren)!
7. Essen Sie wesentlich weniger Fleisch!
8. Essen Sie wesentlich mehr Gemüse!
9. Nehmen Sie mehr Ballaststoffe zu sich, etwa in Form von Vollkorngetreide!
10. Essen Sie drei bis fünf Mal am Tag Obst!
11. Essen Sie weniger bis gar keinen Zucker!
12. Essen Sie weniger bis gar keine Fertiggerichte!
13. Salzen Sie möglichst nichts, Salz ist ohnehin so gut wie überall drin!
14. Verzichten Sie auf teure Diätgerichte, essen Sie einfach weniger!
15. Trinken Sie mindestens 1,5 bis zwei Liter Wasser am Tag!
16. Trinken Sie Alkohol in Maßen und mit Genuss!

17. Nehmen Sie nicht mehr Kalorien zu sich, als Sie verbrauchen. Sollte es doch einmal passieren, bauen Sie die überschüssigen Kalorien einfach durch körperliche Betätigung wieder ab.
18. Rauchen Sie weniger und mit Genuss oder, noch besser, überhaupt nicht mehr!
19. Fragen Sie Ihren Arzt nach sinnvollen Nahrungsergänzungsmitteln und nicht irgendwelche Vertreter von Wundermittelfirmen!
20. Entwickeln Sie eine gesunde und hartnäckige Skepsis gegen Methoden, die Ihnen versprechen, etwas in vierzehn Tagen zu erreichen, was Sie seit zehn Jahren versuchen. Sei es abnehmen, Krebs bekämpfen, Potenz erlangen oder Diabetes besiegen.

Wenn Sie drei Viertel dieser Empfehlungen einhielten, wären Sie binnen Kurzem vermutlich deutlich gesünder und agiler. All diese Empfehlungen lassen sich jedoch auch in einem einzigen Satz zusammenfassen:

Essen Sie das, was ein durchschnittlich verdienender Bauer oder Handwerker in Italien traditionell täglich zu sich nimmt.

Verzichten Sie also darauf, wie ein deutscher Bildungsbürger im Italienurlaub Pizza mit Extra-Käse, Extra-diesem und Extra-jenem zu bestellen – das hat definitiv nichts, aber auch gar nichts mit mediterraner Küche zu tun. Machen Sie stattdessen lieber die berühmte »Mittelmeer-Diät«, die ist nämlich tatsächlich gesund, und zwar so sehr, dass sie für Diabetiker einer echten Diät gleichkäme.

Um Ihnen auf einen Blick zu verdeutlichen, wo die Unterschiede liegen, wollen wir Ihnen den folgenden Vergleich zweier Gerichte nicht ersparen.

1. Fleischgericht
Zutaten: ein Steak (250 g)
Kräuterbutter
Pommes frites (200 g)

Dieses Gericht hat circa 1.555 Kalorien, 65 g Kohlehydrate und 75 g Eiweiß. Wenn Sie noch ein Bier dazu trinken, haben Sie mit einer

Mahlzeit Ihren Tagesbedarf an Kalorien fast schon erreicht, d. h., ab jetzt müssten Sie tatsächlich aufpassen, wenn Sie im Laufe des Tages noch etwas essen oder trinken wollen.

2. Salat

Zutaten:	reichlich Chicoree	Artischocken
	Eisbergsalat	Gurke
	frischer Paprika	Peperoni
	geriebenen Mohrrüben	Oliven
	Radieschen	Zwiebeln
	Tomaten	Schafskäse

Dieser riesige bunte Salat hat insgesamt gerade mal 600 Kalorien, und zwar inklusive der Salatsauce, außerdem 24 g Kohlehydrate und 25 g Eiweiß. Wenn Sie ihn mit gutem Olivenöl und Essig und frischen Kräutern würzen, wird er zum Hochgenuss und macht für lange Zeit satt. Er liefert Ihnen außerdem jede Menge Ballaststoffe, die Sie dringend für Ihre Verdauung brauchen. Selbst wenn Sie sich dazu noch ein Glas Weißwein (120 Kalorien) und frisches Baguette gönnen, haben Sie kaum mehr als die Hälfte der Kalorien des konkurrierenden Gerichts erreicht.

Natürlich wissen Sie das alles längst und sagen jetzt vielleicht: Darum geht es im Grunde gar nicht. Die Schwierigkeit ist doch eigentlich: Wie bringen wir das unseren Freunden, Verwandten, Kollegen und Bekannten bei? Denn hier geht es um Veränderung und wir können leider nicht automatisch davon ausgehen, dass die anderen uns in unserem Bestreben unterstützen.

Ihre Lieben meinen es sicher nicht böse, wahrscheinlich sogar gut mit Ihnen, wenn sie Ihnen immer wieder Essen anbieten und Sie auffordern, noch nachzunehmen. Wir alle haben schon einmal erlebt, wie schwierig es ist, liebgewordene Gewohnheiten aufzugeben und etwas Neues, Unbekanntes, manchmal eben auch Bedrohliches anzufangen. Und wir alle lieben es, zu einer Gruppe dazuzugehören, und dies von Menschen, die wir mögen, bestätigt zu sehen.

Das macht uns stark und wir sind nicht mehr allein. Gerade beim gemeinsamen Essen ist das wichtiger, als wir denken, denn das gemeinsame Essen hat nach wie vor Ritualcharakter. Manche sind sogar der Meinung, das stamme auch noch aus der Steinzeit und gehöre zu den Ritualen, die Vertrauen unter Fremden und Freunden untermauern oder überhaupt erst schaffen, alleine deswegen, weil man beim Essen die Waffen aus der Hand legen musste. Gut möglich, wer weiß. Immerhin legen einige Manager beim Essen sogar ihr Handy beiseite …

Jedenfalls ist uns das gemeinsame Essen immer noch ein sehr wichtiges Ritual. Zu religiösen Festen (Weihnachten), zu wirtschaftlichen Zwecken (Bankett zum Abschluss eines wichtigen Vertrages), politischen Anlässen und auch zu Wohltätigkeitszwecken.

Deshalb können wir uns Argumenten wie »Wir essen immer alle Gänsebraten zu Weihnachten« kaum entziehen, ohne unangenehm aufzufallen. Vielleicht denken Sie jetzt, man sollte mit solch gravierenden Veränderungen auch nicht gerade am Weihnachtsabend beginnen? Besinnen Sie sich: Der richtige Zeitpunkt ist genau dann, wenn Sie einen konkreten Entschluss gefasst haben, alles andere bedeutet Aufschub und damit wächst die Gefahr, das Verschieben zu kultivieren. Der innere Schweinehund lacht Sie nur frech an und – hat gewonnen.

Also seien Sie mutig und experimentieren Sie auch mit Ihrer Ernährung. Machen Sie Erfahrungen, die Sie bis dato noch nicht gemacht haben. Gehen Sie ausländisch essen, wenn Sie es bisher nicht oder nur selten getan haben. Gehen Sie mal richtig gutbürgerlich essen, wenn bei Ihnen immer nur Tiefkühlpizza auf den Tisch kommt. Probieren Sie die ausgesprochen gesunde indische, thailändische, malaysische, chinesische oder japanische Küche.

Aber Vorsicht! Auch die Essgewohnheiten der anderen Länder und Völker sind nicht zufällig entstanden. Wenn Ihnen etwas nicht bekommt, lassen Sie es lieber stehen. Bestimmten Asiaten fehlt zum Beispiel ein Enzym, weshalb sie keinen Käse verdauen können. Genauso verträgt auch unser Magen nicht alles. Dennoch gilt auch hier: Probieren geht über Studieren!

Verlassen Sie also Ihr Schneckenhaus und trinken Sie ruhig mal Kaffee wie die Nigerianer: mit Pfeffer und viel Kardamom. Vielleicht schmeckt es Ihnen und Sie sind begeistert, vielleicht aber auch nicht. Doch das werden Sie erst herausfinden, wenn Sie es ausprobiert haben, und dann erst können Sie überhaupt mitreden. Geben Sie es ruhig zu: Darauf wären Sie alleine nie gekommen: Kardamom und Pfeffer in den Kaffee …

Falls Sie sich zu einem Selbstversuch durchringen sollten, profitieren Sie von einem weiteren Nebeneffekt, denn Sie trainieren ganz nebenbei auch noch Ihr Gehirn, wie wir im Kapitel Mentale Fitness bereits erläutert haben.

Sollten Sie auf besonders gesunde und/oder interessante Gerichte stoßen, die Ihnen auch noch schmecken, dann berichten Sie doch bitte auf unserer Webseite darüber, auf der Sie natürlich jederzeit ein willkommener Gast sind.

Und noch einmal zum Abschluss: Man kann alles verbessern und die Regel »Man ist, was man isst!« hat durchaus ihre Berechtigung. Die Menschen in der westlichen Welt ernähren sich auf eine Art und Weise, die sie immer kranker und kranker macht. Eine höhere Lebenserwartung allein ist noch lange kein Beweis dafür, dass wir auch gesünder altern. Die Zahl der so genannten Zivilisations- oder Lifestyle-Krankheiten steigt ebenso wie die Zahl der Pflegefälle.

Definitionen von Gesundheit gibt es unendlich viele, so auch die folgende, die Sigmund

Freud zugeschrieben wird: »Gesund ist man, wenn man lieben und arbeiten kann.« Da ist durchaus etwas dran, denn warum sollte sich beispielsweise ein Diabetiker, der ansonsten kerngesund ist, selbst als krank ansehen?

Unser Ziel heißt: alt und möglichst gesund sterben und nicht nach langem, schmerzhaftem Siechtum. Wir können nicht alles beeinflussen, aber vieles. Fangen wir damit an!

Erst kürzlich fanden Wissenschaftler im Rahmen einer Studie am Columbia University Medical Center heraus, dass mit der bereits erwähnten Mittelmeerdiät das Risiko, an Alzheimer zu erkranken, um bis zu 40 Prozent gesenkt werden kann. All diejenigen von Ihnen, die einen Alzheimer-Patienten unter ihren Verwandten haben, wissen nur zu gut, was das bedeutet.

6.
Warum?

Die Frage »Warum?« ist eine philosophische Frage. Wir haben Ihnen in den vorangegangenen Kapiteln eine ganze Reihe von Hinweisen gegeben, wie Sie die Chance auf ein aktives und interessantes Leben auch im Alter erhöhen können. Eigentlich müssten aber Sie sich selbst zuvor noch eine andere Frage beantworten: warum?

Warum wollen Sie sich selbst überlisten und für mehr Bewegung in Ihrem Leben sorgen? Warum wollen Sie Ihren Konsum von Kuchen und Pommes frites eindämmen? Warum wollen Sie überhaupt mit hohem Aktivitätspotenzial alt werden? Wo steckt der Sinn für all diese Mühen?

Diese Frage gehört wohl zu den ältesten der Menschheit überhaupt. Die ersten Antwortversuche gaben die Religionen. Das Bestreben, den Einfluss der jeweiligen Priesterkaste zu relativieren und dem Einzelnen die Entscheidung darüber zu überlassen, was für sein Leben richtig oder falsch ist, führte zu einer eigenen Fakultät oder Erzählwissenschaft: der Philosophie. Eine Antwort auf die Frage, wie denn ein gelingendes Leben aussehen könnte, ist über die Jahrtausende hinweg ein urphilosophisches Zentralthema geblieben. Und die Frage nach dem Sinn, nach dem Warum, ist von ihr nicht zu trennen. Zweifelsohne haben die Glaubensantworten, welche die Religionen auf diese Fragen bieten, ihren Wert, aber im Sinne einer rationalen Diskussion bietet sich die Philosophie mehr an als die (metaphysische) Religion.

Schon Aristoteles schrieb seinem Sohn Nikomachos im dritten Jahrhundert vor Christus eine Gebrauchsanleitung für sein Leben und nannte sie die *Nikomachische Ethik*, eine bis heute auch für den philosophischen Laien gut lesbare Auseinandersetzung mit den Bedingungen für ein gelingendes Leben.

Der Skeptiker Seneca behauptete gut 350 Jahre später, dass alles Leben nichts als Vorbereitung auf den Tod sei. Das klingt im ersten Moment beängstigend, aber hat er nicht

Recht? Mit Blick auf das unabwendbare Ende sollten wir uns bemühen, die verbleibende Zeit möglichst mit Bedacht und bewusst zu verbringen und nicht zu verschwenden. Mit dem Wort »Bedacht« wären wir auch schon bei der Reflexion angelangt. Im Buddhismus ist an dieser Stelle von Achtsamkeit die Rede.

Man kann seine Lebensgewohnheiten nur reflektieren, wenn man welche hat. Es bedarf also eines gewissen Alters, um sinnvoll über Ethik, also die Frage nach dem Nutzen seiner bisherigen Lebensgewohnheiten, nachzudenken. Mittlerweile haben wir wohl genügend Lebensgewohnheiten (oder gar Macken?) angesammelt, um abwägen, prüfen und aussortieren zu können. Angesichts der begrenzten Zeit und Energie, die uns dafür zur Verfügung stehen, passt das Neue oft nur in unser Leben, wenn etwas Altes dafür geht. Das gilt auch für Gewohnheiten. Wenn wir heute damit anfangen, sind wir keineswegs zu spät dran.

Denken wir nur mal an den Physiker Isaac Newton, der erklärte, noch am Vortag des Weltunterganges ein Apfelbäumchen pflanzen zu wollen. Was er damit sagen wollte: Es lohnt sich immer! Vielleicht lohnt es sich für uns sogar gerade jetzt, einmal gründlich nachzudenken.

Ein Ertrag der Reflexion über das eigene Leben ist die Erkenntnis, dass Glück nicht unmittelbar zu haben ist. Wer in jungen Jahren als Berufswunsch »glücklich sein« angegeben hat, wird mittlerweile festgestellt haben, dass es so einfach nicht ist. Wir können dem Autopiloten unseres Lebens nicht »Glück« als Ziel eingeben. Wir brauchen vielmehr ein Ziel, eine Aufgabe, eine Herausforderung, ein besonderes, für uns gültiges Verhältnis zu Menschen, Dingen oder Umständen. Unseren Sinn. Unsere Mission.

Betrachten wir unser Leben als gelungen, so machen unsere Versuche, dieses Ziel zu erreichen und diesen Sinn im Auge zu behalten, uns glücklich – oder schenken uns zumindest Glücksphasen, für die der Glücksforscher Mihaly Csikszentmihalyi den schönen Terminus »Flow« gefunden hat. Damit bezeichnet er einen Zustand, in dem die eigenen Kompetenzen sich aufgrund einer hervorragend auf den Einzelnen passenden, anspruchsvollen Herausforderung voll entfalten können. Alle Begrenzungen des eigenen Lebens scheinen wegzufallen, man fühlt sich eins mit der Welt – eben im Fluss.

Allerdings sollten wir dabei die Bescheidenheit nicht ganz vergessen. »Glück ist ein seltener Gast«, hieß es früher häufig. Wem dies zu asketisch klingt, der sei gewarnt, denn der Himmel auf Erden ist tatsächlich der Ausnahmefall. Meist haben wir mit den Mühen der Ebene zu kämpfen. Wobei die Mühen der Reise und das Auf-dem-Weg-Sein, mindestens so wichtig sind wie das Ankommen. Manche Ziele, die uns anfänglich Glück verheißend zulächeln, erweisen sich im Verlauf unseres Lebens als enttäuschend. Aber es gibt nun mal keine Garantie, auf die richtige Karte gesetzt zu haben. Allerdings eröffnet uns das Nachdenken die Chance, unseren Kurs beizeiten zu ändern. Immerhin. Wenn wir unsere Fähigkeiten entwickeln, optimal nutzen und angemessen einsetzen, dann erleben wir gelegentlich, dass uns das Glück umfängt und – im Idealfall – sogar eine Weile zu Besuch bleibt.

All jene, die nun womöglich zwei dicke Fragezeichen auf der Stirn stehen haben, verweisen wir nicht auf dreitausend Jahre philosophische Literatur, sondern lediglich darauf, dass die Philosophen auch unter unseren jetzigen Lebens- und Zeitumständen noch die Frage nach dem gelingenden Leben stellen. Meist haben sie sogar gründlicher darüber nachgedacht als wir oder die Wegelagerer der schnellen Glücksbotschaften aus den diversen New-Age-, Esoterik- und anderen Denkfabriken.

Zweifellos macht die Philosophie, wie auch das Nachdenken, mehr Mühe als das Konsumieren diverser Instantlösungen der Zeitgeistkonkurrenz. Es ist wie mit vielen Medikamenten: Die Symptome verschwinden vielleicht, aber die Ursache – also die offene Frage – bleibt. Die Beschäftigung mit der Philosophie kann durchaus fruchtbarer für unser weiteres Leben werden. Für diejenigen, die bei diesem Thema gerne in die Tiefe gehen möchten, empfehlen wir die systematischen Gedanken von Wilhelm Schmid.

Auf der Grundlage der klassischen Überlegungen zum Thema weitet er in seinem Werk *Philosophie der Lebenskunst* für uns Bewohner der (Post-)Moderne den Blick: Wo überall können und sollten wir bedachtsam unsere persönliche Lebenskunst entwickeln? Vielleicht dämmert dem einen oder anderen bei der

Lektüre, dass nicht die Antworten, sondern die aufkommenden Fragen das Leben interessant und auch erfüllend machen können.

Kürzer, aber auch gewollt akzentuierter sind die Aufsätze von Odo Marquard, der Mitte der 80er Jahre Präsident der Allgemeinen Gesellschaft für Philosophie in Deutschland war. Sie haben abgesehen von ihrer Kürze auch den Vorteil, äußerst günstig zu sein. Titel wie *Kleine Philosophie des Festes*, *Plädoyer für die Einsamkeitsfähigkeit* oder *Theoriefähigkeit des Alters* (mit 71 Jahren zu Papier gebracht) zeigen seine vorläufige (wie er selbst sagen würde skeptische) Art des Nachdenkens über die Möglichkeiten in unserem einzigen persönlichen Leben.

Ob mit oder ohne literarische Unterstützung: Erst einmal brauchen wir das Ziel, den Sinn, dann können wir unsere Energien einsetzen, um unsere Gewohnheiten zu unserem Nutzen weiterzuentwickeln oder zu verändern. Sie werden sehen: Es funktioniert. Außerdem macht die Planungs(vor)freude auch noch Spaß.

Viel Erfolg schon mal!

7. Anhang

Wir wollen Ihnen in diesem Teil unseres Buches ein paar Handlungsmöglichkeiten aufzeigen, die Ihnen dabei helfen können, selbstbestimmter zu altern.

Dazu gehört auch, dass Sie sich nicht nur um Literatur, sondern auch um vielfältige (neue) Kontakte kümmern sollten. Vielleicht ergibt es sich für Sie als Angestellter oder Angestellte, dass Sie den Verantwortlichen für Personalentwicklung in Ihrem Unternehmen dazu bewegen können, ein Seminar in dieser Richtung in Ihrer Firma anzubieten. Wenn Sie selbst Personalentwickler sind, möchten wir Sie dazu anregen, mit uns Kontakt aufzunehmen und Möglichkeiten einer Kooperation für Ihr Unternehmen zu prüfen.

Möglicherweise möchten Sie sich von uns coachen lassen? Vielleicht entstehen dadurch

Ideen und Gedanken, die Ihnen jetzt noch gar nicht einfallen, weil sie Ihnen morgen erst begegnen werden?

Wir sind selbst äußerst gespannt, wie sich das Thema weiterentwickeln wird. Wir hoffen auf eine wachsende Community, die sich mit Spaß, Energie und einer Portion Selbstironie gegen die alten Vorurteile stemmt. Diese Gemeinschaft sollte eine (psychologische) Heimat bilden für alle, die sich nicht gehen lassen, sondern ihr Leben auch im Alter selbst gestalten wollen: interessant, lebensbejahend, ressourcenorientiert und mehr oder weniger gemeinsam mit netten anderen Menschen, die ähnliche Ziele verfolgen.

Merken Sie sich schon einmal die folgende Internetadresse, sie wird in den nächsten Jahren immer wichtiger werden und irgendwann zum zentralen Anlaufpunkt für den Austausch von intelligent alternden Menschen werden:

www.altern-für-anfänger.de

Dort finden Sie neue Verbindungen, interessante, seriöse und handverlesene Kontakte, die dazu beitragen können, dass Sie sich einen Grundstock an Informationen und Möglichkeiten aufbauen. Dadurch werden Sie verhindern, dass Sie auf einsame, langweilige oder irgendwie stupide Art altern – wenn Sie es nicht wollen.

Sie werden sich vielleicht fragen: Warum habe ich nicht schon viel früher damit begonnen, so zu altern? Egal, es ist nie zu spät. Tragen Sie mit Ihrem Engagement dazu bei, solch eine Community aufzubauen. Sie wird auf interaktiven Prinzipien beruhen, das bedeutet, dass sie tatsächlich alle Beteiligten einbezieht. Über die verschiedenen Möglichkeiten, Mitglied zu werden und die Vorteile der Plattformen in Anspruch nehmen zu können, informieren wir Sie regelmäßig unter der genannten Internetadresse.

Checklisten

Im Folgenden finden Sie beispielhaft einige Checklisten, die sich in unserem Alltag als Coaches bestens bewährt haben. Sie sollen Ihnen dabei helfen, sich darüber klar zu werden, wie Sie am besten planen, um in den nächsten Jahren möglichst viel von dem zu erleben, was Sie gerne erleben möchten.

Füllen Sie die Listen aus und rechnen Sie damit, dass Sie an der einen oder anderen Stelle nachdenklich werden. Machen Sie damit, was Sie wollen, aber tun Sie etwas, und das möglichst bewusst. An dieser Stelle möchten wir Ihnen eine weitere Internetseite nahelegen, die Sie eventuell weiter zum Nachdenken anregt:

www.lebenserwartung.ch

Hier können Sie aufgrund einiger weniger Lebensdaten selbst ermitteln, wie hoch Ihre statistische Lebenserwartung noch ist. Natürlich können die Macher dieser Seite nicht in die Zukunft sehen und niemand kann Ihnen verbindlich sagen, wie lange Sie noch leben werden. Aber das Programm ist in der Lage zu ermitteln, wie lange Personen mit den gleichen Merkmalen wie Sie (Alter, Geschlecht, Krankheiten usw.) aller Voraussicht nach im Schnitt noch leben. Das Ergebnis wird mit Sicherheit auch Sie verblüffen. Und vielleicht bekommen Sie ja auch (wieder) Lust zu planen?

Alters-Check

Wer ist für Sie wirklich wichtig? Bitte tragen Sie die Namen der Menschen, die Ihnen etwas bedeuten, in die linke Spalte ein und füllen Sie dann die restlichen Felder der Tabelle aus. Ergänzen Sie bitte auch die Altersangaben in den rechten Spalten.

Alter / Person	Heute	In 5 Jahren	In 10 Jahren	In 15 Jahren	In 20 Jahren
Ich					
Vater					
Mutter					
Freund/ Freundin					
...					
...					

Stellen Sie sich nun einmal vor, Sie sind selbst momentan 54 Jahre alt, Ihr Vater ist zum Beispiel 79 und Ihr Freund Herbert 59 Jahre alt. In fünf Jahren sind Sie selbst 59, Ihr Vater ist dann 84, Ihr Freund 64. Das könnte bedeuten, dass Ihr Freund kurz vor der Rente steht, und Sie sollten sich fragen, was Sie noch für Pläne mit Ihrem Vater haben. Wie sieht es aber in zehn Jahren aus? Je nachdem, was Sie vorhaben, sollten Sie auch bedenken, dass weder Sie selbst noch die Menschen, mit denen es sich vielleicht lohnt, etwas gemeinsam auf die Beine zu stellen, ewig leben werden.

Das mag jetzt vielleicht makaber klingen, ist es aber nicht. Das ist vielmehr eine Tatsache! Was hilft es denn, diese Gedanken zu verdrängen? Schmieden Sie lieber sinnvolle Pläne, die sich auch verwirklichen lassen – und zwar jetzt! Damit Sie hinterher nicht einmal sagen müssen: »Hätte ich doch nur …!«

Vielleicht sind Sie jetzt ein wenig erschrocken, auf jeden Fall sollten Sie aber die Ihnen wichtigen Konsequenzen aus Ihren Überlegungen ziehen. Das Ergebnis könnte sein, dass Sie sich künftig weniger mit unerledigten Aufgaben belasten und sich folglich wesentlich effektiver und entspannter Ihrer eigenen Zukunftsplanung widmen können.

Sozialer Netzwerk-Check

Auch sollten Sie unbedingt überprüfen, ob Sie die richtigen Leute kennen. Sind Sie von Menschen umgeben, von denen Sie noch etwas lernen können? Menschen, die positiv auf Sie wirken, mit denen Sie wirklich gerne zusammen sind? Oder quälen Sie sich mit dem einen oder anderen herum, mit dem Sie schon lange nicht mehr in der Balance sind? Etwa weil Sie sich ausgenutzt fühlen, weil Sie ihn oder sie im Grunde nie verstanden haben, weil Sie eigentlich völlig andere Interessen haben oder aus anderen Gründen, deren Beachtung Sie sich nur nicht zugestehen?

Wie können Sie neue interessante Menschen kennen lernen? Ist Ihr Bekanntenkreis überhaupt angemessen für Sie?

Hier und jetzt haben Sie die Möglichkeit, darüber nachzudenken und die Konsequenzen zu ziehen.

Wann sonst?

Ziele-Check

Nehmen Sie sich doch einfach mal ein paar Ziele vor, die Sie schon einige Zeit haben, aber deren Verwirklichung Sie aus irgendwelchen Gründen nie in Angriff genommen haben. Nehmen wir einmal an, Sie hätten zwei Ziele gefunden. Was passiert, wenn Sie auf diese Art und Weise an Ihre Ziele herangehen? Was geht Ihnen durch den Kopf? Achten Sie einmal darauf, was Sie denken. Sollten Sie das Ganze nicht einmal ausführlicher betreiben (siehe nächste Seite)?

Wenn Sie Lust auf derartige Checklisten bekommen haben, dann besuchen Sie unsere Seite. Auf www.altern-für-anfänger.de finden Sie weitere hilfreiche Anregungen. Danach können Sie, wenn Sie ganz ehrlich zu sich selbst sind, auch selbst Checklisten mit Fragen entwerfen, die Sie sich eigentlich schon lange beantworten müssten ...

<table>
<tr><td colspan="2">Ziel 1
Eine Fremdsprache beherrschen können</td></tr>
<tr><td>• Welche Ressourcen habe ich bereits?

• Welche Personen kenne ich bereits?</td><td>• Welche Ressourcen muss ich noch erschließen?

• Wen sollte ich/muss ich noch kennen lernen?</td></tr>
<tr><td colspan="2">Ziel 2
Einen neuen Job zusätzlich beginnen</td></tr>
<tr><td>• Welche Ressourcen habe ich bereits?

• Welche Personen kenne ich bereits?</td><td>• Welche Ressourcen muss ich noch erschließen?

• Wen sollte ich/muss ich noch kennen lernen?</td></tr>
</table>

Literaturverzeichnis

Bücher

Aristoteles: *Die Nikomachische Ethik*, Deutscher Taschenbuch Verlag, München o. J.

Bauer, Joachim: *Warum ich fühle, was Du fühlst*, Hoffmann und Campe, Hamburg, ^{4}2005.

Beckenbach, Frank/Ott, Daniela: *Fit, aber richtig*, Meyer + Meyer Fachverlag, Aachen ^{2}1997.

Caracciolo, Annemarie: *Smart Teams (things to know about …)*, Capstone Publishing Limited, Oxford 1999.

Csikszentmihalyi, Mihaly: *Lebe gut*, Deutscher Taschenbuch Verlag, München 2001.

Hüther, Gerald: *Bedienungsanleitung für ein menschliches Gehirn*, Vandenhoeck & Ruprecht, Göttingen 2005.

Katz, Lawrence C./Manning, Rubin: *Neurobics – Fit im Kopf*, Mosaik, München 2001.

Marquardt, Odo: *Philosophie des Stattdessen*, Reclam, Stuttgart 2000.
Scheer, Heinz-Detlef: *Raus aus der Diabetes-Falle! Erkennen. Handeln. Genießen.* Books on Demand, 2005.
Schirrmacher, Frank: *Das Methusalem-Komplott*, Heyne, München 2004.
Schmid, Wilhelm: *Philosophie der Lebenskunst. Eine Grundlegung,* Suhrkamp Verlag, Frankfurt/Main [9]2005.
Suzuki, Shunryu/Baker, Richard: *Zen-Geist, Anfänger-Geist*, Theseus Verlag, Berlin 1997.
Tichy, Andrea und Roland: *Die Pyramide steht Kopf*, Piper Verlag, München 2003.

Zeitschriftenartikel

Haug von Kuenheim, DIE ZEIT Nr. 13 vom 23.03.2006
Gehirn und Geist, Verlag Spectrum der Wissenschaft. Heft 3/06.
Demografische Forschung. Aus Erster Hand. 2005, Jahrgang 2
GEO. Februar 2006
SPIEGEL, Nr. 20/2006, S. 164ff.
Wessinghage, Thomas: *Es liegt in Ihrer Hand*, In: Barmer Kundenzeitschrift 02/06.

Webseiten

www.alzheimers.org.uk/index.htm
www.aufklaerungshomepage.de/medizin.htm
www.ch-alpha.de
www.diabsite.de/aktuelles/nachrichten
www.dge.de
www.dsg-info.de/pdf/Anhaltszahlen_zum_ Schlaganfall.pdf
www.gesundheit.de/ernaehrung/essstoerungen

Die Autoren

Diplom-Psychologe
Heinz-Detlef Scheer
Scheer consulting GmbH
Schwachhauser Heerstr. 13
28203 Bremen
Tel.: 04298 69 91 63
E-Mail: Scheer@ainos.org
www.ainos.org

Heinz-Detlef Scheer wollte eigentlich Cellist werden, doch aufgrund einer Verletzung machte er nach Abitur und Zivildienst eine Ausbildung zum Groß- und Außenhandelskaufmann.

Im Anschluss an sein Psychologiestudium in Kiel trat er seine erste Stelle als Personalentwickler bei einer Versicherung in München an. Dort lernte er auch Dirk Getschmann kennen.

Seit 1991 arbeitet er von Bremen aus selbstständig als Trainer von Führungskräften und als Coach für große Industriekonzerne, mittelständische Betriebe und Einzelpersonen.

Im Jahr 1997 gründete er gemeinsam mit seiner Ehefrau Gretel Sattler die Buchhandlung Sattler, 2000 folgte die Scheer consulting GmbH. Er ist Autor zahlreicher Artikel, Bücher, Fernkurse und verhaltensgesteuerter Planspiele für den Trainingseinsatz.

Heinz-Detlef Scheer fährt mit großer Freude lange Strecken Fahrrad, segelt, spielt Doppelkopf, kocht und isst für sein Leben gerne.

Dr. phil. Dirk Getschmann
texte & seminare
Ohlwöhren 6
22587 Hamburg
Tel.: 040 87 97 28 80
E-Mail: Getschmann@ainos.org
www.ainos.org

Dirk Getschmann wurde in Berlin geboren und kam schnell und viel herum: mit fünf Jahren Würzburg, mit zehn Jahren Stuttgart, mit 14 Jahren Hamburg, mit 21 Jahren München, mit 39 Jahren wieder Hamburg.

Als Leseratte studierte er Literatur, Theater, Philosophie und noch einiges nebenbei. Außerdem studienbegleitende Jobs, Auslandsaufenthalte – »*Stromermonate in Paris*«, vergebliche Bewerbung beim Auswärtigen Amt. Personalentwicklung und begleitende Promotion folgten. »*Mindestens auf zwei Hochzeiten tanzen!*«

Dann ein halbes Jahr Pause (neudeutsch: Sabbatical) als Journalist in Buenos Aires, Argentinien. Danach Bereichsverantwortlicher für Mitarbeiter- und Kundenkommunikation. Nach der Geburt des zweiten von drei Kindern:

Hausmann (»*ein soziales Experiment*«) und selbstständig auf den Gebieten Texte, Seminare, Workshops und Coaching.

Gemeinsam mit seinen Kindern wieder Klavierunterricht. Mit 41 Jahren entdeckte er den Hockeysport für sich und ist seitdem eifrig – auch in der Selbstorganisation des Hockeyclubs – rund um die Kugel tätig. Momentan vom Thema Altern fasziniert.

1. Auflage 2007

Umschlaggestaltung: Hauptmann & Kompanie
Werbeagentur, München-Zürich
Gesetzt aus der Sabon
Satz: Fuldaer Verlagsanstalt, Fulda
Druck und Bindung: Clausen & Bosse, Leck
Printed in Germany
ISBN 978-3-86612-122-5